# GÉOGRAPHIE

## HISTORIQUE, BIOGRAPHIQUE, INDUSTRIELLE, COMMERCIALE ET ADMINISTRATIVE

Du département de

# SAONE-ET-LOIRE

Précédée d'un petit cours de

### GÉOGRAPHIE GÉNÉRALE & DE LA GÉOGRAPHIE DE LA FRANCE

Par une société d'Instituteurs

ET REVUE PAR

M. B., ancien Inspecteur de l'Instruction primaire

Rédigée conformément aux ordres prescrits par
SON EXC. M. LE MINISTRE DE L'INSTRUCTION PUBLIQUE,
en date du 31 juillet 1851.

PRIX : 60 CENTIMES.

## CHALON-SUR-SAONE

LIBRAIRIE DE P. BOYER-JANNIN FILS, ÉDITEUR

Succr de L. BOYER

Et chez tous les libraires du département.

1863

Chalon s/S., le 11 Mai 1863.

Monsieur le Curé,

J'ai l'honneur de vous exposer que j'édite une géographie du département de Saône-&-Loire à l'usage des écoles (nouveau cours très approuvé par S. Exc. M. le Ministre de l'Instruction publique et des Cultes). Outre les renseignements relatifs à l'agriculture, à l'industrie et au commerce, des notions historiques et archéologiques y sont ajoutées pour augmenter l'intérêt de cette étude.

Les notions archéologiques sont vues avec satisfaction par MM. vos Confrères comme un utile complément d'instruction. Les notions générales traitent des principales phases de l'architecture religieuse, y compris l'époque celtique, en indiquent les principaux caractères propres à chaque siècle. Dans l'article relatif à chaque commune, une note est insérée sur l'église ou autres monuments religieux, et, autant que possible, avec l'indication des siècles pour les érections anciennes, et celle des années et des styles pour les érections appartenant aux temps modernes ou depuis la Renaissance. Ce n'est pas toujours chose facile. Aussi, Monsieur le Curé, vous prierai-je de vouloir bien me donner ces indications de siècles, d'années et de styles, que pour nes, en celle des années et des styles pour les érections appartenant aux temps modernes ou depuis la Renaissance. Ce n'est pas toujours chose facile. Aussi, Monsieur le Curé, vous prierai-je de vouloir bien me donner ces indications de siècles, d'années et de styles, que pour les monuments religieux de votre canton, dont vous aurez une certitude suffisante. Cependant j'insère aussi les probabilités et les à peu près, quand les données ne peuvent être plus précises.

L'annuaire dit peu de chose à cet égard, et les excellents ouvrages de M. de Caumont n'offrent que quelques rares citations relatives au Diocèse. Les renseignements de MM. les Curés de canton combleront le mieux possible cette regrettable lacune.

L'ouvrage étant sous presse, votre prompt envoi m'obligera beaucoup. Veuillez, Monsieur le Curé, en agréer mes remerciments anticipés avec l'hommage des deux cartes ci-jointes auxquelles j'ajouterai un exemplaire de la géographie.

Votre serviteur très-humble,

Autographie autorisée de Mulcey, à Chalon s/s.

1863

K. 914
à joindre

# GÉOGRAPHIE

## DU DÉPARTEMENT

## DE SAONE-ET-LOIRE

CHALON-S/S., IMP. J. DEJUSSIEU.

# GÉOGRAPHIE

## HISTORIQUE, BIOGRAPHIQUE, INDUSTRIELLE, COMMERCIALE ET ADMINISTRATIVE

### Du département de

# SAONE-ET-LOIRE

Précédée d'un petit cours de

## GÉOGRAPHIE GÉNÉRALE & DE LA GÉOGRAPHIE DE LA FRANCE

### Par une Société d'Instituteurs

ET REVUE PAR

M. E., ancien Inspecteur de l'Instruction primaire

Rédigée conformément aux ordres prescrits par
SON EXC. M. LE MINISTRE DE L'INSTRUCTION PUBLIQUE,
en date du 31 juillet 1851.

---

### PRIX : 60 CENTIMES.

## CHALON-SUR-SAONE

LIBRAIRIE DE P. BOYER-JANNIN FILS, ÉDITEUR
Succ' de L. BOYER
Et chez tous les Libraires du département.
1863

# NOTIONS ÉLÉMENTAIRES

DE

# GÉOGRAPHIE GÉNÉRALE.

## CHAPITRE Iᵉʳ.

### PREMIÈRE LEÇON.

La géographie est la description de la terre.

La terre est ronde et a la forme d'un globe ou d'une boule.

La surface de la terre est composée de terre et d'eau.

Pour déterminer la situation des différentes parties de la terre, l'on a imaginé quatre points principaux, que l'on a appelés points cardinaux.

Ces quatre points cardinaux sont: le Levant, également appelé Est ou Orient, le côté où le soleil semble se lever (à droite).

Le Couchant, qu'on nomme encore Ouest ou

Occident, le côté où le soleil semble se coucher (à gauche).

Le Nord ou Septentrion, partie qui se présente à nos yeux lorsque nous avons le levant à notre droite et le couchant à notre gauche.

Le Midi ou Sud, point opposé au Nord.

En outre de ces quatre points principaux, l'on en suppose encore quatre autres intermédiaires, qui sont : Le Nord-Est, entre le Nord et l'Est ; le Nord-Ouest, entre le Nord et l'Ouest ; le Sud-Est, entre le Sud et l'Est, et le Sud-Ouest, entre le Sud et l'Ouest.

Ainsi, étant en face d'une carte géographique, l'on a le Nord en haut, le Sud en bas, l'Est à droite et l'Ouest à gauche. Les quatre points intermédiaires correspondent aux quatre angles de la carte.

## DEUXIÈME LEÇON.

## DIVISION DU GLOBE.

Les différentes parties de terre du globe s'appellent continent, contrée, île, presqu'île, cap, isthme, montagne, volcan. Les différentes parties d'eau du globe s'appellent océan, mer, golfe, détroit, lac, fleuve, rivière, bassin.

**Continent.** On appelle continent le plus grand

espace de terre que l'on puisse parcourir sans passer la mer.

## DIVISION DE LA TERRE.

La terre est divisée en trois continents : 1° l'ancien, qui comprend l'Europe, l'Asie, l'Afrique ; 2° le nouveau, qui comprend l'Amérique ; 3° l'Australie ou continent austral, qui comprend l'Océanie.

**Contrée.** On entend par contrée une grande étendue de terre dont les habitants sont soumis aux mêmes lois et parlent généralement la même langue.

**Division de l'Europe.** L'Europe est bornée au nord par l'Océan glacial arctique, à l'est par les monts Ourals et le fleuve Oural, à l'ouest par l'Océan atlantique, au sud par la mer Méditerranée.

C'est la plus petite des cinq parties du monde. Elle est divisée en 16 contrées, dont 4 au nord, 7 au milieu et 5 au sud.

Les quatre contrées au nord sont :

Les îles Britanniques, capitale Londres ; villes principales : Manchester, Birmingham, Edimbourg et Dublin.

Le Danemark, capitale Copenhague.

La Suède et la Norwège, capitales Stockholm et Christiana.

La Russie, capitale Saint-Pétersbourg; villes principales : Moscou, Revel, Smolensk, Sébastopol et Varsovie.

Sept contrées au milieu, qui sont :

La France, capitale Paris: villes principales : Lyon, Marseille, Bordeaux, Nantes, Rouen, Lille et Strasbourg.

La Belgique, capitale Bruxelles; villes principales : Anvers, Liége, Gand.

La Hollande, villes principales : Amsterdam et La Haye.

La Prusse, capitale Berlin; villes principales: Dantzig, Magdebourg, Breslau, Cologne et Kœnigsberg.

L'Autriche, capitale Vienne; villes principales : Prague, Bude et Trieste.

La Suisse, villes principales : Bâle, Berne et Genève.

L'Allemagne ou Confédération germanique, villes principales : Hambourg, Hanovre, Dresde, Francfort-sur-le-Mein, Stuttgard et Munich.

Cinq contrées au sud, qui sont :

Le Portugal, capitale Lisbonne; villes principales : Oporto, Coïmbre.

L'Espagne, capitale Madrid; villes principales :

Pampelune, Sarragosse, Barcelonne, Grenade, Cordoue, Séville et Cadix.

L'Italie, villes principales : Turin, Milan, Florence, Gênes, Rome, Naples et Venise.

La Turquie, capitale Constantinople ; villes principales : Andrinople et Salonique.

La Grèce, capitale Athènes ; villes principales : Napoli et Négrepont.

## QUATRIÈME LEÇON.

Ile. Une île est une petite étendue de terre entourée d'eau de tous côtés.

Groupe d'îles. Un groupe d'îles est une réunion de petites îles.

Il y a en Europe 64 îles ou groupes d'îles principales.

Cinq dans la mer Glaciale, qui sont :

Le Spitzberg, la Nouvelle-Zemble, les îles Loffoden, l'île de Kalgouef et l'île de Vaigatz.

Quinze dans l'Océan atlantique, dont trois grandes et douze petites. Les trois grandes sont :

L'Islande, l'Irlande et la Grande-Bretagne.

Les douze petits sont : Les îles Féroë, les Shetland, les Orcades, les Hébrides, les Sorlingues, l'île d'Ouessant, l'île de Croix, Belle-Isle, Noirmoutier, l'Ile-Dieu, l'île de Ré, l'île d'Oléron.

Onze dans la mer Méditerranée, dont quatre grandes et huit petites. Les quatre grandes sont :

La Corse, la Sardaigne, la Sicile, et l'île de Candie.

Les huit petites sont : l'île de Formentera, d'Iviça, Majorque, Minorque, l'île d'Elbe, Malte, les îles d'Hyères et Lipari.

Onze dans la mer Baltique, qui sont :

Les îles d'Aland, Dago, d'Œsel, Gothland, d'Oland, Bornholm, Rugen, Laland, Falster, Séeland et de Fionie.

Trois dans la mer du Nord, qui sont :

L'île de Texel, Sylt et l'Helgoland.

Deux dans la mer d'Irlande, qui sont :

L'île de Man et d'Anglesey.

Quatre dans la mer de la Manche, qui sont :

Les îles de Wight, de Guernesey, de Jersey et d'Aurigny.

Une dans la mer Adriatique, le groupe des îles Illyriennes.

Sept dans la mer Ionienne : les îles de Corfou, Paxo, Sainte-Maure, Théaki, Céphalonie, Zante et Zérigo.

Cinq dans l'Archipel : l'île de Lemnos, Skiro, Négrepont (ou Eubée), les Cyclades et l'île de Candie.

### CINQUIÈME LEÇON.

**Presqu'île.** Une presqu'île ou péninsule est une espèce de terre entourée d'eau, excepté d'un côté.

Il y a en Europe six presqu'îles principales, dont trois grandes et trois petites.

Les trois grandes sont : la Suède avec la Norwège, l'Espagne avec le Portugal et l'Italie.

Les trois petites sont : le Jutland, la Morée et la Crimée.

### SIXIÈME LEÇON.

**Cap.** Un cap ou promontoire est une pointe de terre qui s'avance dans la mer.

Il y a en Europe 15 caps principaux, qui sont :

Le cap Nord-Kin en Suède ; le cap Nase en Norwège ; le cap Skagen en Danemark ; le cap Land's-End en Islande ; le cap de la Hogue en France ; les caps Ortegal, Finistère, Trafalgar, Saint-Martin en Espagne ; le cap Saint-Vincent en Portugal ; le cap Corse au nord de l'île de Corse ; le cap Teulada en Sardaigne ; le cap Passaro en Sicile ; le cap Spartivento en Italie, et le cap Matapan en Morée.

### SEPTIÈME LEÇON.

**Isthmes.** L'isthme est une langue de terre qui joint une presqu'île au continent.

Il y a en Europe deux isthmes principaux qui sont : l'isthme de Suez, entre l'Afrique et l'Asie, et l'isthme de Panama, entre l'Amérique méridionale et l'Amérique septentrionale.

### HUITIÈME LEÇON.

**Montagnes.** On entend par montagne une grande masse de terre s'élevant au-dessus de la surface du globe.

Une chaîne de montagnes est une réunion de montagnes qui se prolongent à une grande distance et dont la base se touche.

Il y a en Europe vingt-deux chaînes principales, dont neuf grandes et treize petites.

Les neuf grandes sont : les monts Kiœlen ou Alpes Scandinaves, entre la Suède et la Norwège ;

Le Caucase, entre la mer Noire et la mer Caspienne ;

Les monts Ourals, entre l'Europe et l'Asie ;

Les Pyrénées, entre la France et l'Espagne ;

Les Cévennes en France ;

Les Alpes, entre l'Italie, la France, la Suisse et l'Allemagne ;

Les Apennins en Italie ;

Les monts Carpathes en Autriche ;

Les monts Balkan en Turquie.

Les treize petites sont : Les Vosges et les monts d'Auvergne en France ;

Le Jura, entre la France et la Suisse ;

Les Sudètes, les Alpes noriques, les Alpes carniques, et les Alpes du Tyrol en Autriche ;

Les Alpes Bernoises en Suisse ;

Les monts Ibériques, la Sierra-Moréna, la Sierra-Névada et la Sierra-d'Ossa en Espagne.

La chaîne hellénique dans la Turquie et la Grèce.

On appelle encore : *côtes*, parties de terre attenant à la mer ; *falaises*, parties escarpées ; *plages*, parties de terre peu élevées ; *dunes*, parties sablonneuses ; *colline*, petite montagne ; *coteau*, petite colline ; *vallée*, plaine resserrée entre deux ou plusieurs montagnes.

### NEUVIÈME LEÇON.

Volcan. Un volcan est un gouffre situé sur une montagne et d'où s'échappent de temps en temps, par une ouverture nommée cratère, des matières embrasées appelées laves.

Il y a en Europe trois volcans principaux :

Le mont Hécla en Islande ; le mont Etna en Sicile et le mont Vésuve en Italie.

### DIXIÈME LEÇON.

**Mer.** On entend par mer ou océan la vaste étendue d'eau salée qui couvre les deux tiers du globe.

Il y a en Europe quinze mers, dont trois grandes et douze petites.

Les trois grandes sont : l'océan Glacial au nord ; l'océan Atlantique à l'ouest ; la mer Méditerranée au sud.

Les douze petites sont : la mer Blanche, formée par l'océan Glacial ; la mer Baltique, la mer du Nord, la Manche, la mer d'Irlande, formée par l'océan Atlantique ; la mer Adriatique, la mer Ionienne, l'Archipel, la mer de Marmara, la mer Noire, la mer d'Azof, formées par la mer Méditerranée ; la mer Caspienne, qui ne communique avec aucune autre mer.

### ONZIÈME LEÇON.

**Golfe.** Un golfe ou une baie est une partie de la mer qui s'avance dans les terres.

Il y a en Europe treize golfes principaux :

Les golfes de Bothnie, de Finlande, et de Riga ou Livonie, formés par la mer Baltique ;

Le Zuyderzée dans la mer du Nord ;

Le golfe de Gascogne, formé par l'Océan Atlantique;

Les golfes de Valence, du Lion, de Gênes et de Tarente, formés par la mer Méditerranée;

Les golfes de Venise et de Trieste, dans la mer Adriatique;

Le golfe de Lépante, dans la mer Ionienne,

Et le golfe de Salonique, dans l'Archipel.

### DOUZIÈME LEÇON.

**Détroit.** Un détroit est un bras de mer resserré entre deux terres.

Il y a en Europe huit détroits principaux :

Au Nord, le Sund, entre la Suède et le Danemark;

A l'Ouest, le Pas-de-Calais, entre la France et l'Angleterre, et le canal Saint-Georges, entre l'Angleterre et l'Irlande;

Au Sud, les détroits de Gibraltar, entre l'Espagne et l'Afrique; de Messine au sud de l'Italie; des Dardanelles, entre l'Archipel et la mer de Marmara;

Le détroit de Constantinople et celui d'Iéni-Kalé, entre la mer Noire et la mer d'Azof.

### TREIZIÈME LEÇON.

**Lac.** Un lac est une grande étendue d'eau renfermée dans les terres.

Il y a en Europe dix-neuf lacs principaux :

Trois au nord, le lac Melar, en Suède ; les lacs Onéga et Ladoga, en Russie ;

Cinq au centre : les lacs de Genève, de Neufchatel, de Zurich et de Constance, en Suisse ; le lac de Balaton, en Autriche ;

Six au midi : les lacs Majeur, de Côme, de Pérouse, de Bolsena et de Célano, en Italie ; et le lac de Zante (ou de Scutari), en Turquie.

On entend par canal une espèce de rivière creusée par la main des hommes.

Un étang est un tout petit lac ; un marais est un étang très-peu profond.

### QUATORZIÈME LEÇON.

**Fleuves.** Un fleuve est un grand cours l'eau qui se jette directement dans la mer.

Les principaux fleuves de l'Europe sont :

Au nord, la Dwina du nord, qui se jette dans la mer Blanche, la Newa, la Dwina du Sud, la Vistule et l'Oder, qui se jettent dans la Baltique ;

L'Elbe, le Rhin, la Meuse, l'Escaut et la Tamise, qui se jettent dans la mer du Nord ;

La Seine, qui se jette dans la Manche ;

A l'est, la Loire, la Charente, la Garonne, le Tage et le Guadalquivir, qui se jettent dans l'Océan Atlantique ;

Au midi, l'Ebre, l'Hérault, le Rhône et le Tibre, qui se jettent dans la Méditerranée;

Le Pô et l'Adige, qui se jettent dans la mer Adriatique;

Le Danube et le Dniester, dans la mer Noire;

Le Don, dans la mer d'Azof;

Le Volga et l'Oural, dans la mer Caspienne.

La source d'un fleuve est l'endroit d'où il sort de terre; l'embouchure, c'est l'endroit par où il se jette dans la mer.

### QUINZIÈME LEÇON.

**Rivières et Bassins.** Une rivière est un cour d'eau qui se jette dans un fleuve ou dans une autre rivière; on entend par bassin tout le territoire qu'un fleuve ou ses affluents parcourent.

Les principales rivières d'Europe sont:

Le Bug, qui se jette dans la Vistule;

La Warthe, qui se jette dans l'Oder;

L'Aar, le Mein, le Necker et la Moselle, dans le Rhin;

La Sambre, dans la Meuse;

L'Yonne, la Marne, l'Oise et l'Eure, dans la Seine;

L'Ille qui se jette dans la Vilaine;

L'Allier, le Cher, la Nièvre, le Loiret,

l'Indre, la Vienne, le Maine et la Sèvre, dans la Loire ;

L'Arriège, le Tarn, le Lot, le Gers et la Dordogne, dans la Garonne ;

La Saône, l'Ain, l'Isère, la Drôme, l'Ardèche et la Durance, qui se jettent dans le Rhône ;

Le Tésin et le Mincio, dans le Pô ;

L'Isar, l'Inn, la Drave, la Save, la Theiss et le Pruth, dans le Danube ;

La Bérésina et le Pripet, dans le Dniéper ;

La Kama, dans le Volga.

L'endroit où deux rivières se rencontrent s'appelle confluent ; une cascade est une chute d'eau considérable.

# GÉOGRAPHIE PHYSIQUE

## DE LA FRANCE.

—

## CHAPITRE II.

### SEIZIÈME LEÇON.

La France est traversée par plusieurs montagnes ou chaînes de montagnes, dont les principales sont : Les Alpes, qui la séparent de l'Italie, de la Suisse et de l'Allemagne ;

Les Pyrénées, qui s'étendent de la Méditerranées à l'océan, entre l'Espagne et la France ;

Les Vosges, entre la Lorraine, l'Alsace et la Franche-Comté ;

Le Jura, entre la Franche-Comté et la Suisse ;

Les Cévennes, qui traversent les départements de l'Ardèche, de la Lozère et du Gard ;

Les monts d'Auvergne, qui comprennent les monts de Dôme, le Mont-d'Or et le mont Cantal ;

Les monts de la Corse, où l'on distingue le Montérando près de Corte, qui possède un lac au sommet.

### DIX-SEPTIÈME LEÇON.

**Golfes.** Les principaux golfes de la France sont :

Le golfe de Gascogne, les baies de Brest et le bassin d'Arcachon dans l'océan Atlantique ;

Les golfes de Seine et de Saint-Malo dans la Manche ;

Le golfe de Lyon dans la Méditerranée.

**Lacs.** La France ne possède qu'un lac principal : c'est celui de Grandlieu dans la Loire-Inférieure ; il a 9 kilomètres de long sur 7 de large.

**Caps.** Les principaux caps de France sont :

Le cap Gris-Nez près de Boulogne, dans le Pas-de-Calais ;

La pointe de Barfleur, et le cap de la Hogue près de Cherbourg, dans la Manche ;

Le cap de Penmarch près de Quimper, dans le Finistère.

**Iles.** La France possède quatorze îles principales, qui sont :

Les îles d'Ouessant, de Seine, de Croix, de Belle-Ile, de Noirmoutier ; l'Ile-Dieu, l'île de Ré et l'île d'Oléron, dans l'océan Atlantique ;

L'île de Corse, les îles d'Hyères et des Lérins, dans la Méditerranée.

### DIX-HUITIÈME LEÇON.

**Canaux.** Un canal est une voie navigable, creusée par la main des hommes pour relier entre elles les principales rivières, et faciliter les relations commerciales.

Les principaux sont :

Le canal de la Somme, qui part de Ham à Saint-Valery-sur-Somme et se réunit au canal de Saint-Quentin ;

Le canal de Saint-Quentin, qui joint l'Oise à l'Escaut ;

Le canal de la Marne au Rhin, qui s'étend de Vitry-le-Français à Strasbourg ;

Les canaux d'Orléans, de Briare et du Loing, qui joignent la Seine à la Loire ;

Le canal de Bourgogne, qui joint la Saône à l'Yonne ;

Le canal du Rhône au Rhin, qui part de Saint-Symphorien-sur-Saône (Côte-d'Or) jusqu'à Mulhouse ; de là il se divise en deux branches, dont l'une s'étend jusqu'à Huningue dans le Haut-Rhin, l'autre va rejoindre dans le Bas-Rhin la petite rivière de l'Ill près de Strasbourg ;

Le canal du Centre ou de Digoin, qui joint la Saône à la Loire ;

Le canal du Midi ou du Languedoc, qui joint la Garonne à la Méditerranée.

## DIX-NEUVIÈME LEÇON.

**Fleuves et Rivières.** La France est arrosée par seize fleuves ou rivières principales, qui sont :

Trois dans la mer du Nord : 1° le Rhin, qui prend sa source au mont Saint-Gothard en Suisse, et se jette dans la mer du Nord. Ses affluents sont l'Ill, qui prend sa source dans le Haut-Rhin ; et la Moselle, qui prend sa source à l'extrémité du département des Vosges ;

2° La Meuse, qui prend sa source dans la Haute-Marne près de Langres ;

3° L'Escaut, qui sort du département de l'Aisne près de Beaurevoir.

Trois qui se jettent dans la Manche :

1° La Somme, qui prend sa source dans l'Aisne à Fontsomme ;

2° La Seine, qui découle du mont Tasselot près de Chanceau (Côte-d'Or) et qui reçoit l'Aube et la Marne, qui prennent leur source dans la Haute-Marne près de Langres ; l'Yonne, qui sort des montagnes du Morvan dans la Nièvre ; l'Oise, qui prend sa source près de Rocroy (Ardennes) ; l'Eure, qui prend sa source à Logny près de Mortagne (Orne) ;

3° L'Orne, qui découle d'Aunon, village près de Séez (Orne).

Six dans l'océan Atlantique :

1° La Vilaine, qui prend sa source près de Mayenne, département de la Mayenne.

2° La Loire, qui prend sa source au mont Gerbier-des-Joncs, dans les Cévennes (Ardèche). Elle reçoit l'Allier, qui prend sa source au pied du mont Lozère près de Châteauneuf-de-Randon (Lozère); la Nièvre, qui sort près de Clamecy (Nièvre); le Loiret, qui prend sa source près d'Orléans (Loiret); le Cher, qui prend sa source près d'Aubusson (Creuse); l'Indre, qui prend sa source près de Bussac (Creuse); le Maine, formé par la réunion de la Mayenne, de la Sarthe et de la Loire; la Sèvre-Nantaise, qui prend sa source près de Parthenay (Deux-Sèvres).

3° La Sèvre-Niortaise, qui prend sa source près de Saint-Maixent (Deux-Sèvres). Elle reçoit la Vendée, qui découle de Fontenay (Vendée).

4° La Charente, qui prend sa source près de Rochechouart (Haute-Vienne).

5° La Garonne, qui a sa source au Val-d'Atran, dans les Pyrénées, et prend le nom de Gironde à son embouchure. Elle reçoit l'Arriège, qui sort du pic de Corlitte dans les Pyrénées; le Tarn, qui prend sa source au mont Lozère près de Villefort (Lozère), et qui reçoit également l'Aveyron; le Lot, qui prend sa source au mont Lozère près de Mende; la Dordogne, qui est formée de la Dor et de la Dogne, qui ont leur source au Mont-d'Or ( Puy-de-Dôme).

6° L'Adour, qui prend sa source près de Barèges (Hautes-Pyrénées) et se jette dans le golfe de Gascogne.

Quatre dans la Méditerranée :

1° L'Aude, qui prend sa source près de Mont-Louis (Pyrénées-Orientales) ;

2° L'Hérault, qui prend sa source près du Vigan ( Gard) ;

3° Le Rhône, qui sort du mont Furca en Suisse, et reçoit l'Ain qui prend sa source à Sirod près de Poligny (Jura); la Saône, qui découle des monts Faucilles près d'Épinal (Vosges); l'Isère, qui sort des Alpes au mont Iserano ; la Drôme, qui sort près de Gap (Hautes-Alpes); l'Ardèche, qui prend sa source dans les Cévennes ; la Durance, qui sort du mont Genêvre près de Briançon (Hautes-Alpes), et le Gard qui sort des Cévennes près de Florac (Lozère) ;

4° Le Var, qui prend sa source en Piémont, au mont Cemelion près de Barcelonnette (Var).

### VINGTIÈME LEÇON.

**Versants et Bassins.** On appelle versant d'une mer toutes les terres qui ont leurs pentes tournées du côté de la mer.

Le bassin d'une rivière ou d'un fleuve

est l'ensemble des terres d'où les eaux se réunissent dans cette rivière ou ce fleuve.

La France comprend quatre versants principaux :

1° Le versant de la mer du Nord, qui comprend les bassins du Rhin, de la Meuse et de l'Escaut ;

2° Le versant de la Manche, qui comprend les bassins de la Somme, de la Seine et de l'Orne ;

3° Le versant de l'Atlantique, qui comprend les bassins de la Vilaine, de la Loire, de la Charente, de la Garonne et de l'Adour ;

4° Le versant de la Méditerranée, qui comprend les bassins de l'Aude, de l'Hérault, du Rhône et du Var.

# GÉOGRAPHIE POLITIQUE.

—

## CHAPITRE III.

### VINGT-UNIÈME LEÇON.

La France, autrefois appelée Gaule, est en général un pays de plaine ; son climat est tempéré, l'air y est pur et salubre ; son sol très-fertile offre de riches pâturages et des vignobles surtout très-renommés.

**Bornes.** Elle est bornée au nord par la Belgique et la Prusse ; à l'est par le Rhin, le Jura, le lac de Genève et les Alpes ; à l'ouest par l'océan Atlantique ; au sud par les Pyrénées et la Méditerranée.

Population : 37,850,000 h.
Superficie : 547,500 k. carrés.

**Administration.** L'Administration générale de la France comprend six divisions distinctes :

| | |
|---|---|
| Division administrative, | Division judiciaire, |
| Division académique, | Division militaire, |
| Division ecclésiastique, | Division maritime. |

## DIVISION ADMINISTRATIVE.

### VINGT-DEUXIÈME LEÇON.

On divise actuellement la France en 89 départements, qui tirent en général leurs noms, soit des fleuves ou rivières qui les arrosent, soit des montagnes qui les renferment, soit de quelques accidents géographiques.

Chaque département est divisé en arrondissements ou sous-préfectures, chaque arrondissement en cantons et chaque canton en communes.

L'administration générale d'un département est confiée à un Préfet, celle de l'arrondissement à un Sous-Préfet, celle du canton à un Juge de Paix ; la commune est administrée par un magistrat civil appelé Maire.

# TABLEAU ADMINISTRATIF

DES 89 DÉPARTEMENTS, AINSI QUE LES PROVINCES QUI LES ONT FORMÉS, AVEC LES CHEFS-LIEUX ET SOUS-PRÉFECTURES.

### Six provinces au Nord.

| PROVINCES. | DÉPARTEMENTS qu'elles forment. | CHEFS-LIEUX. | SOUS-PRÉFECTURES. |
|---|---|---|---|
| Ile-de-France. Capitale : PARIS. | Seine. . . . . | Paris. . . . . | Saint-Denis, Sceaux. |
| | Seine-et-Oise. . | Versailles.. . . | Pontoise, Nantes, Corbeil, Étampes, Rambouillet. |
| | Seine-et-Marne. | Melun. . . . . | Meaux, Coulommiers, Provins, Fontainebleau. |
| | Oise. . . . . | Beauvais.. . . | Compiègne, Senlis, Clermont. |
| | Aisne. . . . . | Laon. . . . . | Saint-Quentin, Vervins, Soissons, Château-Thierry. |
| Picardie. Cap. : AMIENS. | Somme. . . . | Amiens. . . . | Abbeville, Doulens, Péronne, Montdidier. |
| La Flandre. Cap.: LILLE. | Nord. . . . , | Lille. . . . | Dunkerque, Douai, Hazebrouk, Cambrai, Valenciennes, Avesne. |
| L'Artois. Cap. : ARRAS. | Pas-de-Calais. . | Arras. . . . . | Boulogne-sur-Mer, St-Omer, Béthune, St-Pol, Montreuil-s-Mer. |
| La Normandie. Capitale : ROUEN. | Seine-Inférieure. | Rouen.. . . . | Le Hâvre, Yvetot, Dieppe, Neufchâtel. |
| | Eure. . . . . | Évreux. . . . | Louviers, Pont-Audemer, Les Andelys, Bernai. |
| | Calvados. . . . | Caen. . . . . | Bayeux, Pont-l'Évêque, Vire, Lisieux, Falaise. |
| | Manche.. . . . | Saint-Lô. . . . | Cherbourg, Valognes, Coutances, Mortain, Avranches. |
| | Orne. . . . . | Alençon. . . . | Domfront, Mortagne, Argentan. |

| PROVINCES. | DÉPARTEMENTS qu'elles forment. | CHEFS-LIEUX. | SOUS-PRÉFECTURES. |
|---|---|---|---|
| **La Champagne.** Capit. : TROYES. | Aube. . . . . | *Troyes.* . . . | Arcis-sur-Aube, Bar-sur-Seine, Bar-sur-Aube, Nogent-sur-Seine. |
| | Haute-Marne. . | *Chaumont.* . . | Langres, Vassy. |
| | Marne. . . . . | *Châlons-s-Marne.* | Épernay, Reims, Sainte-Ménéhould, Vitry-le-Français. |
| | Ardennes. . . . | *Mézières.* . . . | Rocroy, Sedan, Rethel, Vouziers. |

*Sept provinces à l'Est.*

| | | | |
|---|---|---|---|
| **La Lorraine.** Capitale : NANCY. | Meurthe. . . . | *Nancy.* . . . . | Toul, Château-Salins, Lunéville, Sarrebourg. |
| | Moselle. . . . | *Metz.* . . . . | Briez, Thionville, Sarreguemines. |
| | Meuse. . . . . | *Bar-le-Duc.* . . | Montmédy, Verdun, Commercy. |
| | Vosges. . . . . | *Epinal.* . . . . | Neuchâteau, Mirecourt, Remiremont, St-Dié. |

| | | | |
|---|---|---|---|
| **L'Alsace.** Cap. : STRASBOURG. | Bas-Rhin. . . . | *Strasbourg.* . . | Weissembourg, Saverne, Schelestadt. |
| | Haut-Rhin. . . | *Colmar.* . . . . | Belfort, Altkirch. |
| **La Franche-Comté.** Capit. : BESANÇON. | Doubs. . . . . | *Besançon.* . . . | Montbéliard, Pontarlier, Baume-les-Dames. |
| | Haute-Saône. . . | *Vesoul.* . . . . | Lure, Gray. |
| | Jura. . . . . | *Lons-le-Saulnier.* | Dole, Poligny, Saint-Claude. |
| **La Bourgogne.** Capitale : DIJON. | Côte-d'Or. . . . | *Dijon.* . . . . | Semur, Beaune, Châtillon-sur-Seine. |
| | Yonne. . . . . | *Auxerre.* . . . | Joigny, Sens, Tonnerre, Avallon. |
| | Saône-et-Loire. . | *Mâcon.* . . . . | Autun. Chalon-s-Saône, Charolles, Louhans. |
| | Ain. . . . . | *Bourg.* . . . . | Nantua, Belley, Gex, Trévoux. |
| **La Savoie.** Capit. : CHAMBÉRY. | Savoie. . . . . | *Chambéry.* . . | Albertville, Mouthiers, St-Jean-de-Maurienne. |
| | Haute-Savoie. . | *Annecy.* . . . | Bonneville, Thonon, Saint-Julien. |

| PROVINCES. | DÉPARTEMENTS qu'elles forment. | CHEFS-LIEUX. | SOUS-PRÉFECTURES. |
|---|---|---|---|
| **Le Lyonnais.** Capitale : LYON. | Rhône. . . . . | *Lyon.* . . . . | Villefranche. |
| | Loire. . . . . | *Saint-Etienne.* . | Roanne , Montbrison. |
| **Le Dauphiné.** Capit. : GRENOBLE. | Isère. . . . . | *Grenoble.* . . . | Vienne , la Tour-du-Pin, Saint-Marcelin. |
| | Drôme.. . . . | *Valence.* . . . | Dié, Nyons, Montélimart. |
| | Hautes-Alpes. . | *Gap.* . . . . . | Briançon , Embrun. |

*Neuf provinces au Sud.*

| | | | |
|---|---|---|---|
| **Le Comté de Nice.** Capitale : NICE. | Alpes maritimes. | *Nice.* . . . . . | Grasse, le Puget-Thenier. |
| | Bouches-du-Rh. . | *Marseille.* . . . | Aix , Arles. |
| **La Provence.** Capitale : AIX. | Basses-Alpes. . | *Digne.* . . . . . | Barcelonnette, Castellane, Forcalquier , Sisteron. |
| | Var. . . . . . | *Draguignan.* . . | Grasse , Brignoles, Toulon. |

| | | | |
|---|---|---|---|
| **Le comtat Venaissin.** | Vaucluse. . . . | *Avignon.* . . . . | Orange, Carpentras, Apt. |
| | Haute-Garonne. . | *Toulouse.* . . . | Villefranche , Muret, St-Gaudens. |
| | Tarn. . . . . | *Albi.*. . . . . | Gaillac , Lavaur, Castres. |
| | Aude. . . . . | *Carcassonne.* . . | Castelnaudary, Narbonne, Limoux. |
| **Le Languedoc.** Cap. : TOULOUSE. | Hérault. . . . | *Montpellier.* . . | Lodève , Béziers, Saint-Pons. |
| | Gard. . . . . | *Nîmes.* . . . . | Le Vigan , Alais, Uzès. |
| | Lozère.. . . . | *Mende.* . . . . | Marvejols , Florac. |
| | Haute-Loire. . | *Le Puy.* . . . | Brioude , Yssengeaux. |
| | Ardèche. . . . | *Privas.* . . . . | Tournon , Largentière. |
| **Le Roussillon.** Cap. : PERPIGNAN. | Pyrénées - Orientales.. . . . | *Perpignan.* . . | Prades , Ceret. |
| **Le comté de Foix.** Cap. : PAMIERS. | Arriège. . . . | *Foix.* . . . . | Pamiers , Saint-Girons. |

| PROVINCES. | DÉPARTEMENTS qu'elles forment. | CHEFS-LIEUX. | SOUS-PRÉFECTURES. |
|---|---|---|---|
| **Le Béarn.** Capitale : PAU. | Basses-Pyrénées. | *Pau.* . . . . | Bayonne, Orthez, Oléron. Mauléon. |
| | Corse. . . . . | *Ajaccio.* . . . | Bastia, Calvi, Corte, Sartène. |
| | Gironde. . . . | *Bordeaux.* . . | Lesparre, Blaye, Libourne, La Réole, Bazas. |
| | Dordogne.. . . | *Périgueux.* . . | Nontron, Ribérac, Bergerac, Sarlat. |
| | Lot-et-Garonne. . | *Agen.* . . . . | Marmande, Villeneuve-d'Agen, Nérac. |
| **La Guyenne.** et **La Gascogne.** | Lot. . . . . . | *Cahors.* . . . . | Gourdon, Figeac. |
| | Aveyron. . . . | *Rodez.* . . . . | Villefranche, Espalion, Milhau, Saint-Affrique. |
| | Landes.. . . . | *Mont-de-Marsan.* | Saint-Omer, Dax. |
| | Gers. . . . . | *Auch.* . . . . | Condom, Lectoure, Mirande, Lombez. |
| | Tarn-et-Garonne. | *Montauban.* . . | Moissac, Castel-Sarrasin. |
| | Hautes-Pyrénées. | *Tarbes..* . . . | Bagnères-de-Bigorre, Argeléz. |

### Six provinces à l'Ouest.

| | | | |
|---|---|---|---|
| **L'Angoumois.** Cap. : ANGOULÊME. | Charente. . . . | *Angoulême.* . . | Ruffec, Confolens, Cognac, Barbézieux.. . |
| **L'Aunis** et la Saintonge. C.: LA ROCHELLE et SAINTES. | Charente-Infér. . | *La Rochelle.* . . | Rochefort, Marennes, Saintes, Saint-Jean-d'Angély, Jonzac. |
| **Le Poitou.** Capit. : POITIERS. | Vienne.. . . . | *Poitiers.* . . . | Loudun, Châtellerault, Civray, Montmorillon. |
| | Deux-Sèvres. . . | *Niort.* . . . . | Bressuire, Parthenay, Melle. |
| | Vendée. . . . . | *Napoléon-Vendée.* | Les Sables-d'Olonne. Fontenay-le-Comte. |
| **L'Anjou.** Capit. : ANGERS. | Maine-et-Loire. . | *Angers.* . . . | Beaugé, Beaupreau, Saumur. |
| | Ille-et-Vilaine. . | *Rennes..* . . . | Saint-Malô, Fougères, Vitré, Montfort, Redon. |
| | Côtes-du-Nord. . | *Saint-Brieuc..* . | Dinan, Loudeac, Lannion, Guingamp. |
| **La Bretagne.** Cap. : RENNES. | Finistère. . . . | *Quimper.* . . . | Morlaix, Brest, Châteaulin, Quimperlé. |
| | Loire-Inférieure. | *Nantes.* . . . | Châteaubriant, Ancenis, Savenay, Paimbœuf. |
| | Morbihan. . . . | *Vannes.* . . . | Napoléonville, Ploërmel, Lorient. |

| PROVINCES. | DÉPARTEMENTS qu'elles forment. | CHEFS-LIEUX. | SOUS-PRÉFECTURES. |
|---|---|---|---|
| **Le Maine.** Capitale : LE MANS. | Mayenne. . . . | *Laval.* . . . . | Mayenne, Château-Gontier. |
| | Sarthe. . . . . | *Le Mans.* . . . | Mamers, Saint-Calais, La Flèche. |

*Huit provinces au Centre.*

| | | | |
|---|---|---|---|
| **L'Orléanais.** Capit. : ORLÉANS. | Loiret. . . . . | *Orléans.* . . . | Pithiviers, Montargis, Gien. |
| | Loir-et-Cher. . | *Blois.* . . . . | Vendôme, Romorantin. |
| | Eure-et-Loire. . | *Chartres.* . . . | Dreux, Nogent-le-Rotrou, Châteaudun. |
| **La Touraine.** Capitale : TOURS. | Indre-et-Loire. . | *Tours.* . . . . | Loches, Chinon. |
| **Le Berry.** Capit. : BOURGES. | Cher. . . . . | *Bourges.* . . . | Sancerre, Saint-Amand. |
| | Indre. . . . . | *Châteauroux.* . | Issoudun, La Châtre, Le Blanc. |
| **Le Nivernais.** Capitale : NEVERS. | Nièvre. . . . | *Nevers.* . . . . | Cosne, Clamecy, Château-Chinon. |
| **Le Bourbonnais.** Capit. : MOULINS. | Allier. . . . . | *Moulins.* . . . | La Palisse, Gannat, Montluçon. |
| **La Marche.** Capitale : GUÉRET. | Creuze. . . . | *Guéret.* . . . . | Boussac, Aubusson, Bourganeuf. |
| **Le Limousin.** Capit. : LIMOGES. | Haute-Vienne. . | *Limoges.* . . . | Bellac, Rochechouart, St-Yrieix. |
| | Corrèze. . . . | *Tulle.* . . . . | Ussel, Brives-la-Gaillarde. |
| **L'Auvergne.** Capit. : CLERMONT-FERRAND. | Puy-de-Dôme. . | *Clermont-Ferrand.* | Riom, Thiers, Ambert, Issoire. |
| | Cantal. | *Aurillac.* . . . | Mauriac, Murat, Saint-Flour. |

## DIVISION ACADÉMIQUE.

### VINGT-QUATRIÈME LEÇON.

La France est divisée en 17 académies. Chaque académie est administrée par un recteur assisté d'un conseil académique et d'autant d'inspecteurs d'académie qu'il y a de départements dans la circonscription.

Il y a en outre, dans chaque arrondissement, un inspecteur chargé de la surveillance des écoles primaires communales.

Les chefs-lieux des 17 Académies sont :

Paris, Caen, Douai, Nancy, Lyon, Strasbourg, Dijon, Besançon, Clermont, Grenoble, Chambéry, Aix, Montpellier, Toulouse, Bordeaux, Poitiers, Rennes.

## DIVISION JUDICIAIRE.

### VINGT-CINQUIÈME LEÇON.

Il y a dans chaque canton un juge de paix ; dans chaque arrondissement, un tribunal civil ou de première instance, et dans chaque chef-lieu de département, une cour d'assises pour juger les affaires criminelles.

Ces différents tribunaux dépendent de 28

autres tribunaux nommés cours d'appel ou cours impériales.

Il y a enfin à Paris un tribunal suprême appelé cour de cassation, qui a droit de révision sur tous les autres.

Les chefs-lieux de ces cours impériales sont :

Paris, Caen, Rouen, Amiens, Douai, Orléans, Bourges, Dijon, Metz, Nancy, Aix, Chambéry, Angers, Bastia, Besançon, Bordeaux, Colmar, Grenoble, Limoges, Lyon, Montpellier, Nîmes, Pau, Poitiers, Rennes, Riom, Toulouse, Agen.

## DIVISION MILITAIRE.

### VINGT-SIXIÈME LEÇON.

Sous le rapport militaire, la France est partagée en 22 divisions qui émanent de six commandements supérieurs confiés à des maréchaux de France.

Chacune de ces divisions est désignée par un n° d'ordre, et renferme une ou plusieurs subdivisions.

La subdivision militaire est commandée par un général de brigade, et comprend un ou plusieurs départements.

Le siège des six commandements supérieurs

réside à Paris, Nancy, Toulouse, Lyon, Lille, Tours.

Voici les chefs-lieux des 22 divisions militaires par n°ˢ d'ordre.

1 Paris, 2 Rouen, 3 Lille, 4 Châlons, 5 Metz, 6 Strasbourg, 7 Besançon, 8 Lyon, 9 Marseille, 10 Montpellier, 11 Perpignan, 12 Toulouse, 13 Bayonne, 14 Bordeaux, 15 Nantes, 16 Rennes, 17 Bastia, 18 Tours, 19 Bourges, 20 Clermont-Ferrand, 21 Limoges, 22 Grenoble.

# DIVISION ECCLÉSIASTIQUE.

## VINGT-SEPTIÈME LEÇON.

La France est divisée en 86 diocèses, dont 16 sont administrés par des archevêques et 70 par des évêques.

### TABLEAU DU SIÈGE DES ARCHEVÊQUES ET ÉVÊQUES QUI EN DÉPENDENT.

| ARCHEVÊCHÉS. | ÉVÊCHÉS SUFFRAGANTS. |
|---|---|
| Paris. | Blois, Chartres, Meaux, Orléans, Versailles. |
| Rouen. | Bayeux, Coutances, Évreux, Séez. |
| Cambrai. | Arras. |
| Reims. | Amiens, Beauvais, Châlons, Soissons. |
| Sens. | Moulins, Nevers, Troyes. |
| Bourges. | Clermont, Limoges, Le Puy, Tulle, St-Flour. |

| ARCHEVÊCHÉS. | ÉVÊCHÉS SUFFRAGANTS. |
|---|---|
| Besançon. | Belley, Metz, Nancy, Saint-Dié, Strasbourg, Verdun. |
| Lyon. | Autun, Dijon, Grenoble, Langres, Saint-Claude. |
| Avignon. | Montpellier, Nîmes, Valence, Viviers. |
| Aix. | Ajaccio, Alger, Digne, Fréjus, Gap, Nice, Marseille. |
| Albi. | Cahors, Mende, Perpignan. |
| Toulouse. | Carcassonne, Montauban, Pamiers. |
| Auch. | Rodez, Aire, Bayonne, Tarbes. |
| Bordeaux. | Agen, Angoulême, Luçon, Périgueux, Poitiers, La Rochelle. |
| Tours. | Angers, Le Mans, Nantes, Quimper, Reims, Vannes, Saint-Brieuc. |
| Chambéry. | Annecy, Moutiers, St-Jean-de-Maurienne. |

# DIVISION MARITIME.

## VINGT-HUITIÈME LEÇON.

Sous le rapport maritime, les côtes de France sont divisées en cinq préfectures maritimes, confiées à des amiraux qui remplissent les fonctions de magistrats militaires. De ces préfectures, qui sont les chefs-lieux des ports

2

militaires, dépendent 15 sous-arrondissements, qui sont :

**ARRONDISSEMENTS.      SOUS-ARRONDISSEMENTS.**

—      —

Sur l'Océan atlantique :

**Brest.** . . . . . *Saint-Servan, Brest.*

**Lorient.** . . . . . *Lorient, Nantes.*

    Sur la Manche :

**Cherbourg.** . . . . *Dunkerque, le Hâvre, Cher-*
                   *bourg.*

    Sur la Méditerranée :

**Toulon.** . . . . . *Marseille, la Corse, et Toulon.*
                   ;Ce dernier comprend trois
                   sous-arrondissements.

    Sur la Charente :

**Rochefort.** . . . . *Rochefort, Bordeaux, Bayonne.*

**Ports marchands.** La France possède un grand nombre de ports marchands. En voici les 16 principaux :

| | |
|---|---|
| *Dunkerque.* . . . . . . . | sur la mer du Nord. |
| *Boulogne et Calais.* . . . . | sur le Pas-de-Calais. |
| *Dieppe, le Hâvre, Morlaix.* . | sur la Manche. |
| *Rouen.* . . . . . . . . | sur la Seine. |
| *Le Croisic, la Rochelle, les Sables d'Olonne* . . . . . . | sur l'Océan atlantique. |
| *Nantes.* . . . . . . . | sur la Loire. |
| *Bordeaux.* . . . . . . . | sur la Garonne. |
| *Bayonne.* . . . . . . . | sur l'Adour. |
| *Cette, Marseille, Antibes.* . . | sur la Méditerranée. |

# COLONIES FRANÇAISES.

## VINGT-NEUVIÈME LEÇON.

Une Colonie ou Possession est une portion de terrain appartenant à un gouvernement et dont les habitants sont soumis aux mêmes lois. Ces colonies sont :

### EN ASIE.

Dans l'INDE. . . . . . *Pondichéry, Chandernagor, Yanaou, Karikal.*
Dans l'INDOUSTAN. . . *Mahé.*

### EN AFRIQUE.

L'ALGÉRIE, comprenant les provinces :

D'ALGER, villes principales : *Blidah, Dellys, Medeah, Milianah, Cherchell, Douera.*

De CONSTANTINE, villes principales : *Philippeville, Bone, Sétif, Bougie.*

D'ORAN, villes principales : *Moslaganem, Tlemcen* et *Mascara.*
Cette dernière était la résidence d'Abd-el-Kader.

Dans le SÉNÉGAL : les deux villes de *St-Louis* et *Gorée.*

Dans la MER DES INDES : l'*Ile Bourbon* ou de *la Réunion.*

Dans l'OCÉAN INDIEN : les *Iles Ste-Marie de Madagascar, Nossi-bé* et *Mayotte.*

## EN AMÉRIQUE.

Dans l'AMÉRIQUE DU NORD : les îles *Saint-Pierre* et *Miquelon.*

Dans les ANTILLES FRANÇAISES : *la Martinique, la Guadeloupe, la Désirade, Marie-Galande* et *St Martin.*

Dans l'AMÉRIQUE DU SUD : la *Guyane Française,* capitale : *Cayenne.*

## EN OCÉANIE.

Dans la POLYNÉSIE : les *Iles Marquises,* dont l'île principale est *Nouka-Hiva;* les *Iles de Taïti* ou *Iles de la Société,* qui ne sont sous la protection de la France que depuis 1841.

Dans l'AUSTRALIE : la *Nouvelle-Calédonie.*

# GÉOGRAPHIE

## DU DÉPARTEMENT DE SAONE-ET-LOIRE.

—

### HISTORIQUE.

Le département de Saône-et-Loire fait partie de l'ancienne Bourgogne appelée Celtique, et a été formé de l'Autunois, du Chalonnais, du Mâconnais et du Charollais.

Malgré l'existence particulière de ces quatre arrondissements pendant les longues années de lutte, depuis l'invasion des barbares jusqu'à la Révolution de 1789, les habitants n'en sont pas moins restés fidèles au culte de leurs principes ; et en 1792 comme en 1815 la patrie menacée ne trouva dans aucune province de plus dévoués défenseurs.

C'est vers le IIe siècle que la foi chrétienne y fut apportée par saint Andoche, prêtre, et saint Thirse, diacre, qui, malgré la protection d'un nommé Faustus, souffrirent le martyre à leur retour à Autun, le centre du polythéisme gaulois. Vinrent ensuite, à peu-près vers la même époque, saint Marcel et saint Valérien, apôtres de Saint-Ponthin, qui prêchaient à Mâcon et à Chalon ; le premier fut martyrisé à St-Marcel-les-Chalon et le second à Tournus.

Les germes de la foi, étouffés dans le sang des martyrs, se répandaient dans le silence, et ce ne fut qu'après la conversion de Constantin qu'on vit ériger les évêchés d'Autun et de Chalon ; celui de Mâcon ne date que du VI⁰ siècle.

A la chute de l'Empire (1814), le département fut traversé par les troupes autrichiennes, et Chalon, aidé seulement de 200 hommes de garnison, résista au général Bubna, qui ne s'en rendit maître que par la force des armes et après un vif combat.

Au moment de la révolution (1789), le département était divisé en quatre parties principales :

1° L'Autunois, 2° le Chalonnais et la Bresse Chalonnaise, 3° le comté de Mâcon, 4° celui de Charolles. Ces divisions formaient cinq bailliages royaux : Autun, Chalon, Charolles, Mâcon et Bourbon-Lancy ; et deux bailliages particuliers, Montcenis et Semur. Ces sept bailliages étaient régis par l'intendance de Dijon pour l'administration et pour les impôts, qui étaient répartis par les élus des États et recouvrés par les receveurs établis dans les mêmes villes, à l'exception de Bourbon-Lancy et de Semur.

Par suite du changement de l'ancienne distribution de la France par l'Assemblée nationale, le département de Saône-et-Loire fut divisé en sept districts ou circonscriptions, dont les chefs-lieux étaient : Autun, Chalon, Mâcon, Louhans, Charolles, Bourbon-Lancy et Marcigny; le siège du directoire fut fixé à Mâcon.

Arrive enfin l'an VIII où le département fut réduit à cinq districts, qui prirent le nom d'arrondissements. Le développement de l'industrie et du commerce, le soin des intérêts privés n'ont altéré ni comprimé dans ce département les élans généreux, les aspirations enthousiastes qui caractérisent les fortes races et les grands peuples. Peu de contrées cependant possèdent en pareille abondance les divers éléments de richesse, qui trop souvent énervent les caractères : champs fertiles, pâturages renommés, riches vignobles, tout excelle dans ce pays. Le sol renferme encore dans ses profondeurs d'abondantes carrières, qui fournissent les matériaux les plus convenables pour les constructions.

Mines de houille et de fer qui alimentent des forges et hauts-fourneaux. De plus, pour l'exploitation de toutes ces richesses, le voisinage de deux grandes rivières, la Saône et la Loire;

un canal, l'établissement des lignes de fer. Aussi, disons-le à la gloire du département, jamais population ne fut plus digne de ces faveurs et n'en fit un meilleur et plus intelligent usage. En général, le Bourguignon de Saône-et-Loire est très-hospitalier; loyal et franc dans ses relations, constant dans ses amitiés, il est habile et fin, économe sans avarice. Et depuis soixante ans la plus grande partie du sol a été conquise par le paysan, qui n'a cessé par son travail d'en faire une source de richesses, tant sous le rapport agricole que sous celui de l'industrie.

## TOPOGRAPHIE PHYSIQUE.

Le département de Saône-et-Loire tire son nom de deux principales rivières qui l'arrosent, la Saône et la Loire. Il a pour limites au nord la Côte-d'Or, à l'est le Jura et l'Ain, au sud le Rhône et la Loire, à l'ouest l'Allier et la Nièvre.

Sa superficie est environ de 856,472 hectares, qui, d'après la nature du sol, peuvent se diviser ainsi :

| | h. | a. | c. |
|---|---|---|---|
| Pays de riches terreaux. . | 317 | » | » |
| Bruyères et landes. . . . | 35 | » | » |
| Craie ou calcaire. . . . | 190 | » | » |
| Gravier. . . . . . . . | 80 | 3 | 55 |
| Pierreux. . . . . . . . | 90 | » | » |
| Sablonneux. . . . . . | 70 | » | » |
| Sol différent. . . . . . | 73 | 6 | 17 |

**Climat.** Le département de Saône-et-Loire est sur la limite de deux climats, du Sud-Est et du Sud-Ouest, et participe de chacun, soit par la sécheresse du premier, soit par l'humidité du second ; néanmoins son climat est sain et tempéré.

**Montagnes.** Le département de Saône-et-Loire est traversé du sud au nord par les montagnes du Charollais, qui s'étendent sur le Mâconnais et le Chalonnais, et font partie des Cévennes septentrionales ; par les monts de la Côte-d'Or, qui commencent au nord du canal du Centre et vont se terminer au canal de Bourgogne ; et les monts du Morvan, à l'ouest de l'arrondissement d'Autun, qui séparent le département de Saône-et-Loire de la Nièvre. Parmi les points les plus culminants du département, on remarque le Mont-Cenis, à 1389 mètres au-dessus du niveau de l'Océan ; le Mont-Beuvray, à 1000 mètres ; le Mont-Jeu, à 600 mètres ; le Mont-Saint-Vincent, à 596 mètres ; le Mont-Suin, à 592 mètres ; le Rousset, à 434 mètres.

**Rivières.** Le département est arrosé par un fleuve (la Loire) et quatre rivières navigables : la Saône, la Seille, le Doubs et l'Arroux.

**La Loire,** dont le parcours dans le département est de 92 kilomètres, pénètre dans le département sur le territoire de la commune d'Iguerande, et traverse Marcigny, Chambilly, Beaugy, Bourg-le-Comte, Digoin, Saint-Agnan, Perrigny, Gilly, Saint-Aubin, Trizy; de là elle entre dans la Nièvre.

Elle a pour affluents : 1° Le *Sornin*, qui prend sa source près d'Aigueperse ( Rhône ), entre dans le département par Varennes-s-Dun, Saint-Maurice-les-Châteauneuf, Châteauneuf, Saint-Martin-de-Lixy, et se jette dans la Loire au-dessous de Charlieu ( Rhône ).

2° L'*Arconce*, qui sort de l'étang du Rousset près de La Guiche, et se jette dans la Loire près de Varennes-Reuillon, à 6 kilomètres au-dessus de Digoin; il arrose, sur une longueur de 65 kilomètres environ, Marizy, Ballore, Mornay, Villorbaine, Viry, St-Symphorien, Charolles, Changy, Lugny-les-Charolles, Busseuil, Saint-Didier-en-Brionnais, Anzy-le-Duc, Montceau-l'Étoile, Versaugues, Saint-Germain-de-Rives et Varennes-Reuillon.

3° L'*Arroux* et la *Somme*.

La Saône. Cette rivière est une des plus importantes de France; elle a sa source dans les Vosges, au village de Vioménil , se dirige généralement du nord au sud; sa pente moyenne par kilomètre est de 48 millimètres; sa largeur varie de 100 à 160 mètres; son parcours est de 510 kilomètres, dont 120 dans le département, où elle pénètre par le territoire de Mont-les-Seurre; arrose Charnay, Écuelles, Bragny, Verdun, Gergy, Verjux, Allériot, Châtenoy, Chalon, Saint-Remy, Marnay, Gigny, Ormes, Tournus, Le Villars, Montbellet, Saint-Albin, Senozan, Saint-Martin-de-Senozan, Saint-Jean-de-Senozan, Mâcon, Saint-Clément, Varennes-les-Mâcon et Saint-Romain; de là elle sort du département pour se jeter dans le Rhône à Lyon.

**Affluents de la Saône.** Les principaux affluents de la Saône sont, à droite: 1° La *Dheune*, qui prend naissance dans la forêt d'Avaire près Montcenis, et coule depuis Chagny jusqu'à Palleau; sépare Saône-et-Loire de la Côte-d'Or; ses eaux alimentent le canal du Centre; elle arrose Torcy, Saint-Julien, Saint-Berain-sur-Dheune, Saint-Léger-s-Dheune, Dennevy, Remigny, Maizières, Saint-Loup-de-la-Salle, St-Martin-en-Gatinois; et se jette dans la Saône, à Chauvort, près de Verdun.

2° La *Grosne*, qui prend sa source dans les monts de Beaujeu (Rhône); arrose Germolles, Saint-Léger, Clermain, Sainte-Cécile, Cluny, Marcilly, Chazelles, Cormatin, Malay, Savigny-s.-Grosne, Messey-sur-Grosne, Marnay, et se jette dans la Saône au pont de Grosne; celle-ci a également pour affluents: *à gauche*, la Guye, qui se forme de plusieurs ruisseaux et arrose Cercy-la-Tour, Germagny, Genouilly, Joncy, Saint-Martin, Sigy, Salornay et Confrançon;

*à droite* le Grison, qui prend sa source vers Blanot, et arrose Chissey, Prayo, Lancharre, Champlieu et Nanton.

*3° A gauche le Doubs.*

**La Seille.** La rivière de la Seille prend sa source au mont de la Roche, vers Baume-les-Messieurs (Jura); elle entre dans le département par le territoire de la commune du Tartre; arrose le Tartre, Sens, Vincelles, Louhans, Sornay, Savigny, Cuisery, Ratenelle et La Truchère, d'où elle se jette dans la Saône. Ses principaux affluents sont : 1° La Braine, qui sort du Jura et pénètre à Mouthier-en-Bresse; arrose Bellevesvres, Torpes, Montjay et Bouhans; 2° le Solnan, qui prend naissance dans l'Ain, et pénètre par Varennes-St-Sauveur, arrose les Fosses, Sainte-Croix et Bruailles.

**Le Doubs.** Cette rivière prend sa source au mont Rixon, près de Pontarlier (Doubs); sa longueur est de 450 kilomètres et son parcours dans le département de 35 kilomètres seulement. Elle y pénètre à Lays; traverse Longepierre, Navilly, Pontoux, Saunières, Sermesse et Verdun, où elle se jette dans la Saône. Son affluent principal dans le département est La Guyotte.

**L'Arroux.** L'Arroux prend sa source dans l'étang de Mouisson près d'Arnay-le-Duc (Côte-d'Or). Elle est flottable depuis Autun, et navigable aux eaux moyennes à partir de Gueugnon seulement; son parcours dans le département est de 120 kilomètres. Elle arrose Igornay, Cordesse, Dracy-st-Loup, Saint-Symphorien, Saint-Jean-le-Grand, Autun, Laizy, Étang, Nizlers-sur-Arroux, Charbonnat, La Boulaye, Toulon-sur-Arroux, Gueugnon, Rigny-sur-Arroux, Neuvy; de là elle se jette dans la Loire vers Digoin.

Ses principaux affluents sont : La *Vesne*, qui passe à Épinac, Sully, Saint-Léger-les-Bois, et qu'elle reçoit au nord d'Autun.

Le *Mesrrin*, qui passe à Marmagne et Mesvres, au dessous duquel il se jette dans l'Arroux; la *Bourbince*, qui sort de l'étang de Long-Pendu, suit continuellement le canal du Centre et arrose Blanzy, Saint-Cyr, Genelard, Palinges, Volesvres et Paray-le-Monial, d'où elle se jette dans l'Arroux.

La Bourbince est aussi grossie par l'Oudrache, rivière très-importante, qui prend naissance dans l'étang de Saint-Berain-s-Sanvignes, et arrose Perrecy, Oudry, Bragny-en-Charollais, Saint-Vincent-les-Bragny et Saint-Léger-les-Paray, où elle se jette dans la Bourbince.

Le *Pontin* et l'*Aizon*, qui s'y jettent près de Toulon-sur-Arroux.

La *Rivière des Suitres*, la *Selle* grossie par

le Grand Verney, le *Ternin*, le *Traron* et la *Canche*.

## CANAUX.

Indépendamment de ces voies de navigation, le département possède encore deux canaux principaux.

Le canal du Centre, qui lie la Loire à la Saône, traverse le département dans toute sa longueur, de Digoin à Chalon-sur-Saône, par Paray-le-Monial, Volesvres, Palinges, Genelard, Ciry, Blanzy, Saint-Eusèbe, Écuisses, Saint-Julien-sur-Dheune, Saint-Berain-sur-Dheune, Saint-Léger, Dennevy, Remigny, Chagny, Fragnes, Champforgeuil et Chalon-sur-Saône; il a 116 kilomètres de long; il compte 81 écluses, 62 ponts en pierre de taille, 35 aqueducs de dégorgement et 12 réservoirs; le biez de partage est entre l'étang de Long-Pendu et celui de Montchanin. Ce canal a été commencé en 1784; l'eau y fut mise en 1791, et la navigation ne commença que dans l'hiver de 1793 à 1794.

Le canal latéral de la Loire, qui n'a été établi que dans le but de remédier aux irrégularités des fleuves, et de faciliter ainsi les communications entre l'Océan, la Méditerranée et la mer du Nord. Sa longueur est de 198 kilomètres; sa prolongation dans le département, qui prend le nom de canal de Roanne à Digoin, n'a que 16 kilomètres.

## ÉTANGS.

Le département possède plusieurs étangs qui sont très-poissonneux. Les principaux sont :

Dans la Bresse, ceux de *Villeron*, sur la commune de Savigny-en-Revermont; des *Clayes*, sur Beaurepaire; de *Fay*, dans le bassin de la Seille; des *Arbois* et de *Barres*, sur Serley; de *Pierre*, de *Pontoux* et de *Vaulery*, sur Ciel; de *Toutenant*, sur Serrigny-en-Bresse; de *St-Didier* et le *Grand-Étang*, sur Saint-Germain-du-Plain.

Dans le Chalonnais et l'Autunois, ceux de *Bacquant*, sur Saint-Loup-de-la-Salle; de *Villeneuve*, sur Gergy; de *Poisot*, sur la commune de Tavernay: de *Poisson*, sur Saint-Léger-s-Beuvray; de la *Commelle-de-Bouzon*, sur Saint-Didier-s-Arroux; de *Saint-Berain-s-Sanvignes*, dans la vallée de l'Oudrache; de *Torcy*, de *Long-Pendu* et de la *Ravarde*, sur Écuisses, de *Saint-Pierre*, de *Montchanin*, sur St-Laurent-d'Andenay.

Dans le Charollais, ceux de *Perrecy*, du *Rousset*, et du *Baromiay*, dans la vallée de l'Arconce.

—

## NAVIGATION.

La navigation de la Saône est très-active, surtout à partir de Chalon ; deux bateaux à vapeur font un service régulier, aller et retour, entre cette ville et Lyon, en passant par Tournus, Mâcon, Belleville, Trévoux, Lyon : ce service correspond avec Villefranche, Beaujeu, Cluny, Bourg, Pont-de-Vaux, Tramayes, Pont-de-Veyle, Seurre et Lons-le-Saunier.

Les canaux ont également un service très-actif. Le canal du Centre surtout, qui, année moyenne, est parcouru par près de 5000 bateaux ; ses principaux transports consistent en grains, fers, bois, charbon, pierre et plâtre.

## ROUTES ET CHEMINS DE FER.

Vu la disposition du sol, le département possède plusieurs voies naturelles de communication, qui suivent la direction des vallées ; néanmoins sa situation par rapport à la capitale et aux villes industrielles qui l'environnent, l'a forcé de s'en écarter ; ce qui a donné lieu à ces tracés de grande communication, que l'on divise selon leur importance en routes impériales et départementales. Le département possède 8 routes impériales, qui sont : 1° la route impériale de Paris à Chambéry, passant par Chagny, Chalon, Sennecey-le-Grand, Tournus, Mâcon et la Maison-Blanche, où elle quitte le département; 2° la route de Moulins à Bâle, qui traverse Bourbon-Lancy, Maltat, Luzy (Nièvre), Autun et Saizy, au-delà duquel elle quitte le département; 3° la route impériale de Chalon à Grenoble, qui passe à Cuisery, Romenay, et entre dans le département de l'Ain; 4° la route impériale de Nevers à Saint-Laurent, qui traverse les monts du Morvan, une partie de ceux de la Côte-d'Or, le canal du Centre, Chalon, Ouroux, Montret, Louhans, Beaurepaire; 5° la route impériale de Nevers à Genève, qui passe à Cronat, Bourbon-Lancy, Digoin, Paray, Charolles, Sainte-Cécile, Saint-Sorlin, Mâcon; 6° la route impériale de Mâcon et Châtillon-sur-Seine, passant par Cluny, Mont-Saint-Vincent, Blanzy, Montcenis, Autun, Lucenay et Chissey-en-Morvan; 7° la route impériale de Lyon à Strasbourg, qui ne traverse que Joudes, Champagnat et Cuiseaux; 8° la route impériale de Chalon à Strasbourg, qui traverse Saint-Marcel-les-Chalon, Bey, Ciel, Navilly, Pourlans.

Il y a vingt-deux routes départementales, qui sont :

De Bellevesvre à Seillères ; de Tournus à Louhans; de Chalon à Charolles; de Beaune au pont Charbonneau; de Chagny à Montcenis;

de Dijon à Saint-Amour ; de Chalon à Lons-le-Saunier ; de Bourbon-Lancy à Tournus ; de Chalon à Digoin ; d'Autun à Beaujeu ; de Chagny à Mâcon ; de Verdun à Lons-le-Saunier ; de Mâcon à La Palisse ; d'Autun à Dijon ; de Digoin à Roanne ; de Paray à Marcigny ; de La Clayette à Charlieu ; de Saint-Bonnet-de-Joux à La Clayette ; de Paray à La Clayette ; de la Saône à la Loire ; de Mâcon à Lugny ; de Toulon-sur-Arroux à Luzy.

A part ces grandes voies, il existe encore des chemins vicinaux qui servent de moyens de communication entre les communes.

Le département est traversé du nord au sud par la grande ligne du chemin de fer de Paris à Lyon, sur une longueur de 90 kilomètres ; elle passe à Chagny, Fontaines, Chalon, Varennes-le-Grand, Sennecey, Tournus, Fleurville, Senozan, Mâcon, Crêche, Pontanevaux et Romanèche, où elle quitte le département.

La ligne du canal, qui part de Chagny, passe à Santenay, Cheilly, Saint-Léger, Saint-Berain, Saint-Julien-sur-Dheune, Montchanin, Blanzy et Montceau.

Le tracé de Chalon à Dole qui vient d'être concédé. Il existe encore quelques petits réseaux destinés à faciliter le transport des produits de ces grands établissements industriels : ce sont ceux d'Épinac au canal de Bourgogne ;

de la Valteuse; du Creusot au canal du Centre;
et de Saint-Berain-sur-Dheune.

## PRODUCTIONS ANIMALES.

En général les animaux du département, tels
que chevaux et bêtes à cornes, sont d'une belle
espèce. Les chevaux du Charollais sont de petite
race, mais vigoureux ; le bétail du Charollais et
du Louhannais est très-estimé. Les forêts renferment beaucoup de loups, de renards, d'écu-
reuils, de fouines et de blaireaux. Le gibier y
abonde ; le poisson y est très-estimé.

## PRODUCTIONS MINÉRALES.

Chalon est le chef-lieu d'un arrondissement
minéralogique qui fait partie de la division de
l'est. Les riches mines du département sont
très-variées, et généralement exploitées avec
activité et intelligence. Les principales sont :

Pour les mines de fer, à Chalencey, Change
et Mazenay ;

Pour les mines de houille, au Creusot, à
Blanzy, Épinac, Montchanin, Long-Pendu,
la Chapelle-sous-Dun, Saint - Berain - sur-
Dheune, le Grand-Moloi, Sully, Grandchamp
et Theurée-Maillot ;

Pour le schiste bitumineux, à Igornay, Saint-Léger-du-Bois, Millery, Dracy-Saint-Loup et la Cornaille ;

Pour la manganèse, à Romanèche ;

Pour le plomb, à Oyé, Gueugnon, Mesmon, Saint-Prix et Autun (concessions non exploitées).

Carrières à plâtre, principalement à Saint-Léger-sur-Dheune, Charrecey, Paris-l'Hôpital, Sampigny, Saint-Sernin-du-Plain, Saint-Martin-de-Communes, Dennevy et Saint-Gilles, Vaux-en-Pré, Culles, Marcilly-les-Buxy, Cheilly, Milly, et Berzé-la-Ville.

Carrières de marbre, à Gilly-sur-Loire, Tramayes, Solutré, Flacé et Lacrost.

Indépendamment de toutes ces concessions de mines, plusieurs autres sont encore en voie d'exploitation.

**Eaux minérales.** Il existe des eaux minérales sur beaucoup de points du territoire ; mais le plus souvent elles n'ont qu'un intérêt local, tel que celles de Saint-Martin-de-la-Vallée, de Leynes, Pierreclos, Farges, Sailly, etc....... Les sources de Bourbon-Lancy seules sont renommées.

## PRODUCTIONS VÉGÉTALES.

Le département est compris tout entier dans la zône où croissent également et la vigne et le maïs. Sa récolte, année moyenne, pour les grains, dépasse sa consommation; mais, vu la distribution de sa culture, quelques localités se trouvent souvent obligées de s'approvisionner dans les départements voisins.

Aussi le Mâconnais, qui cultive la vigne, tire son blé, en grande partie, de l'Ain; l'Autunois échange la surabondance de son seigle contre du blé; le Charollais se suffit à lui-même, et le Chalonnais exporte un quart de ses grains.

Le département renferme un grand nombre de prairies naturelles, dont les fourrages sont excellents. La vigne est une des sources de production la plus importante.

La récolte des pommes de terre est très-considérable; le chanvre, le mûrier, les arbres résineux réussissent bien; les plantes médicales et aromatiques abondent sur les montagnes. Le chêne, le hêtre, le charme et le tremble, sont les essences dominantes des forêts.

## AGRICULTURE ET INDUSTRIE.

Le département de Saône-et-Loire est un des plus riches pays agricoles de France. L'ha-

bitant des campagnes est généralement labou-
reur ou vigneron ; la culture y est avancée et
a fait de grands progrès depuis une dizaine
d'années, grâce aux encouragements des départements dont les sacrifices sont fécondés par
les conseils des sociétés d'agriculture. Les
terres sont cultivées avec des bœufs ; l'assole-
ment y est généralement biennal, à l'exception
de quelques cantons de la Bresse. Dans l'arrondissement d'Autun les jachères dominent.

**Industrie.** Le département de Saône-et-Loire,
au moyen de ses abondantes ressources en com-
bustibles minéraux et végétaux, occupe un des
premiers rangs par son industrie. Il possède
près de 2,000 établissements industriels ou
usines.

Quelques-unes des usines du pays peuvent
être classées parmi les plus renommées non-
seulement de France, mais encore de toute
l'Europe continentale, telles que celles du Creusot, qui, sous l'habile et savante direction de
MM. Schneider, ont acquis une grande ex-
tension.

L'on compte environ, dans le département,
douze usines à fer; trois verreries, quatre fonderies de cuivre, une fabrique de grosses hor-
loges et de pressoirs; cent soixante-dix tuileries
et briqueteries; quatre-vingt-cinq poteries ; dix
fabriques de tuyaux de drainage; une fabrique

de potasse, cent quatre-vingts fours à chaux ; trente-deux moulins à plâtre ; sept fabriques d'huile minérale ; une usine pour l'épuration des goudrons de schiste, des filatures de coton ; deux fabriques de couvertures avec carderie ; une manufacture de linge de table damassé ; une blanchisserie de toile ; un atelier de tissage en coton ; deux manufactures de sucre de betteraves ; vingt-neuf distilleries ; deux cent soixante-dix moulins à huile ; quarante-et-une scieries ; deux papeteries, douze cents moulins à blé environ, dont plusieurs sont mus par le vent et la vapeur ; plusieurs brasseries, dont les plus importantes sont celles de Mâcon, Chalon, Tournus, Louhans, Charolles, Autun, Montcenis, Couches, Chagny et Digoin.

Constructions de bateaux ; fabriques de tonneaux, cercles, merrains et paisseaux.

Tissage de la soie, qui tend à devenir une des principales industries du canton de Chauffailles.

## ADMINISTRATION GÉNÉRALE.

L'administration générale du département se divise en cinq parties distinctes, qui sont :

1re Division administrative.
2e Division judiciaire.
3e Division religieuse.
4e Division militaire.
5e Division académique.

## DIVISION ADMINISTRATIVE.

Le département de Saône-et-Loire comprend cinq arrondissements, qui sont : Mâcon, chef-lieu de préfecture; Autun, chef-lieu diocésain; Chalon, chef-lieu judiciaire; Charolles et Louhans, sous-préfectures.

Ces cinq arrondissements se composent ensemble de 48 cantons, qui forment 586 communes.

Il y a dans le département un Conseil général composé de 30 membres, élus par le département, pour examiner les affaires d'intérêt départemental; et un Conseil d'arrondissement composé d'autant de membres qu'il y a de cantons dans l'arrondissement.

Le Préfet est le chef de l'administration générale du département, et réside à Mâcon; les autres arrondissements sont administrés par un Sous-Préfet.

Il y a un Conseil de préfecture composé de 5 membres, dont l'un a les attributions de secrétaire-général.

Dans chaque chef-lieu de canton siège un juge de paix.

Chaque canton comprend un certain nombre de communes, qui sont administrées par un maire, aidé d'un ou de plusieurs adjoints, et assisté d'un Conseil municipal.

## DIVISION JUDICIAIRE.

L'administration de la justice du département de Saône-et-Loire est du ressort de la cour impériale de Dijon; elle possède cinq tribunaux de première instance, qui sont dans chaque chef-lieu d'arrondissement, et six tribunaux de commerce, qui siègent à Autun, Chalon, Mâcon, Charolles, Louhans et Tournus.

Les assises de Saône-et-Loire, dont Chalon est le chef-lieu judiciaire, se tiennent tous les trois mois, et sont présidées par un conseiller de la cour impériale de Dijon.

## DIVISION RELIGIEUSE.

Le département forme le diocèse d'un évêché, dont le siège est à Autun, et porte le titre d'évêque d'Autun, Chalon et Mâcon. Il est premier suffragant de l'archevêché de Lyon. L'évêque a des vicaires généraux agréés par l'Empereur. Le chapitre de la cathédrale se compose de cinq chanoines titulaires, et d'un nombre indéterminé de chanoines honoraires, résidant soit à Autun, soit dans le diocèse, soit hors du diocèse.

Le département compte 441 paroisses, dont 6 cures de première classe, 56 de seconde, et 379 succursales. En outre, 56 vicariats et 7 chapelles.

## DIVISION MILITAIRE.

Le département de Saône-et-Loire fait partie de la 18e division militaire, dont le quartier général est à Lyon.

La compagnie de gendarmerie fait partie de la 19e légion, et se compose de 52 brigades, dont 44 à cheval et 8 à pied.

## DIVISION ACADÉMIQUE.

Le département est compris dans la circonscription de l'académie de Lyon, qui est le siège du Recteur; il forme une académie universitaire, dont le siège est à Mâcon, et qui a sous sa surveillance le lycée impérial, les collèges communaux et 796 établissements d'instruction primaire de différents degrés, communaux ou privés.

Un inspecteur d'académie, en résidence à Mâcon, est chargé de toute l'étendue du département (sous l'autorité du Recteur) de tout ce qui a rapport à l'instruction secondaire, et de tout ce qui a rapport à l'instruction primaire (sous l'autorité du préfet). Un conseil départemental de l'instruction publique est institué pour juger toutes les questions relatives à l'instruction primaire publique ou privée, et à l'instruction secondaire privée.

L'instruction secondaire publique n'est justiciable que du conseil académique, dont le siège est au chef-lieu de l'académie.

Pour l'instruction primaire, le département est divisé en quatre circonscriptions, confiées chacune à un inspecteur primaire sous l'autorité de l'inspecteur d'académie.

—

# SAONE-ET-LOIRE.

—

## GÉOGRAPHIE DESCRIPTIVE.

Ainsi que nous l'avons déjà indiqué, le département de Saône-et-Loire est divisé en cinq arrondissements, qui sont : *Autun*, *Chalon*, *Charolles*, *Louhans*, *Mâcon*.

## ARRONDISSEMENT D'AUTUN.

L'arrondissement d'Autun est borné au nord par le département de la Côte-d'Or, à l'est par l'arrondissement de Chalon, à l'ouest par le département de la Nièvre, et au sud par l'arrondissement de Charolles ; il est arrosé par l'Arroux, la Vesne, le Mesvrin, le Creusevaux, le Monthelon, etc..., et traversé à l'est par la partie méridionale des monts de la Côte-d'Or, qui s'étendent en plateaux ou en monts élevés vers Montcenis, Mesvres, Autun, Couches, etc. Quoique montagneux, le pays n'en renferme pas moins un grand nombre d'étangs. On y trouve beaucoup de forêts. Cet arrondissement en général est le plus industriel du département. Son territoire renferme de riches mines de houille, de schiste bitumineux et de fer ; c'est là que se trouvent nos plus grands établissements métallurgiques dont les immenses productions s'exportent par le canal du Centre. Sol généralement peu favorable à la culture des céréales ; le peu de vignoble qui s'y cultive produit du vin de qualité très-médiocre.

Populat. totale : 108,551 hab. ; superficie : 190,461. hect.

Cet arrondissement est divisé en 8 cantons, qui comptent 85 communes.

## CANTONS.

Autun, Épinac.  Saint-Léger-sous-Beuvray.
Couches, Issy-l'Évêque.  Lucenay-l'Évêque.
Mesvres.  Montcenis.

## CANTON D'AUTUN.

Le canton d'Autun est borné par les cantons de Lucenay-l'Évêque, de St-Léger-s.-Beuvray, de Mesvres, de Montcenis, de Couches, d'Épinac, et par le département de la Côte-d'Or. Il est baigné par l'Arroux. Sa population totale est de 19,475 habitants, sur une superficie de 25,452 hectares.

Ce canton comprend 9 communes, savoir :

| | | | |
|---|---|---|---|
| Autun. . . . | 11,897 h. | Dracy-St-Loup. | 655 h. |
| Auxy. . . . | 1,388 | Tavernay. . . | 729 |
| Antully. . . | 1,525 | Monthelon. . | 477 |
| Curgy. . . . | 1,250 | Saint - Forgeot. | 459 |
| St-Pantaléon. | 1,095 | | |

**Autun**, chef-lieu, à 60 kilomètres de Mâcon ; ville très-ancienne, sur le penchant d'une colline, baignée par l'Arroux. Autun était la capitale des Éduens et portait alors le nom de Bibracte ; son origine remonte plus haut que celle de Rome. Après la destruction de l'indépendance gauloise, Autun continua d'être une des villes les plus importantes des Gaules. Elle fut successivement ravagée par les Vandales en 406 ; par les Huns, en 451, et par les rois Francs Childéric et Clotaire, en 534.

Le roi Raoul y mourut en l'an 936 ; le pape Calixte II y célébra les fêtes de Noël en 1119 ; le pape Innocent II y consacra l'église de St-Lazare en 1132. C'est à Autun que commença, vers l'an 170 de notre ère, la prédication du Christianisme ; saint Amator en fut le premier évêque. Il s'est tenu à Autun cinq conciles de l'an 589 à 1094. Les monuments les plus remarquables d'Autun sont les constructions romaines de la porte d'Arroux et de la porte Saint-André, l'église de Saint-Lazare, les ruines du temple de Janus, la cathédrale, la fontaine St-Ladre, le grand séminaire établi en 1669 et le palais épiscopal.

Patrie d'Aprunculus Arborius, évêque de Langres ; de l'abbé Bertrand de Clugny, astronome distingué ; de saint Germain, évêque de Paris ; de saint Didier, évêque de Vienne ; d'Eumène, grammairien célèbre ; du chancelier Nicolas Rolin ; de saint Syagrius, évêque d'Autun ; du savant bénédictin don Jean Thiroux ; du général Changarnier ; des littérateurs Laguille et Guyon.

**Dracy-St-Loup**, célèbre par son ancien château-fort environné de larges fossés, et qui fut bâti vers l'an 1454, par les La Trémouille ; c'est aujourd'hui la propriété de M. de Talleyrand de Périgord.

**Monthelon** possède une petite église très-ancienne et un vieux château appelé les Mazilles, qui date du XVe siècle ; il a appartenu aux Rabutin et fut pendant longtemps la résidence de la pieuse Jeanne-Françoise Fremiot, baronne de Chantal, qui y fut souvent visitée par saint François-de-Sales. C'est dans une chapelle de l'église de Monthelon que Jean de Sales et l'une des filles de la baronne de Chantal furent bénis par l'évêque de Genève.

## CANTON DE COUCHES.

Le canton de Couches est borné au nord par le canton d'Épinac, à l'est et au sud par l'arrondissement de Chalon, et au nord-est par le département de la Côte-d'Or. Sol renfermant beaucoup de mines de fer et de houille, carrière de gypses, traversée par une voie ferrée, d'Épinac au canal.

Sa population totale est de 12,747 habitants, sur une superficie de 16,404 hectares.

Ce canton comprend 15 communes, savoir :

| | | | |
|---|---|---|---|
| Couches. . . | 2,844 h. | Dezize. . . . | 578 h. |
| St-Pierre-de-Varennes. . | 844 | St-Maurice-les-Couches. . | 513 |
| St-Jean-de-Trézy. | 689 | Sampigny. . | 380 |
| St-Martin-de-Communes. . | 471 | Saint-Émiland. | 893 |
| Essertenne. . | 532 | Dracy-les-Couches. | 805 |
| St-Sernin-du-Pl. | 1,671 | Paris-l'Hôpital. | 526 |
| Cheilly. . . . | 990 | Perreuil. . . | 643 |
| | | St-Julien-s-Dh. | 367 |

Couches, chef-lieu, à 25 kilomètres d'Autun et 83 kilomètres de Mâcon ; petite ville autrefois divisée en deux parties, l'une dépendant du bailliage d'Autun, et l'autre de celui de Montcenis. D'après plusieurs historiens, ce lieu aurait été le théâtre où Sacrovir, chef des troupes éduennes, fut vaincu par le général romain Silius. Vers l'an xxi de J.-C., il y avait à Couches un monastère sous le vocable de Saint-Georges, fondé au VIIIe siècle, qui passa sous Charles-le-Chauve, à l'église d'Autun par l'évêque Rothnion, qui en expulsa les religieux, et le transforma en château; les bâtiments de ce couvent, qui subsistent encore en partie, dépendent de l'abbaye de Flavigny.

Vieux château dont il ne reste plus que quelques pans de murs d'enceinte, et deux vieilles tours dont l'une montre encore ses créneaux. Déjà célèbre au XIIe siècle, ruiné en 1590 par les bandes du baron de Vitteaux, et reconstruit en 1442 par le sire Claude de Montaigu. L'on y voit encore la chapelle au milieu de laquelle est le caveau funéraire des seigneurs, où les catholiques de Couches et des environs se liguèrent pour l'extermination des protestants.

Carrières abondantes à plâtre et à chaux; mines de fer et de houille.

**Saint-Pierre-de-Varennes**, célèbre par son vieux château féodal.

**Saint-Sernin-du-Plain**, important par ses mines de fer du hameau de Mazenay, et qui occupent plus de 100 ouvriers mineurs.

## CANTON D'ÉPINAC.

Le canton d'Épinac est borné au nord et à l'est par le département de la Côte-d'Or; au sud par le canton de Couches, et à l'ouest par celui d'Autun.

Il est arrosé par la rivière de la Drée; sol

très-riche en mines de houille; petit chemin de fer qui sert au transport des productions de ces vastes mines.

Sa population totale est de 10,531 habitants, sur une superficie de 15,021 hectares.

Ce canton renferme 11 communes, savoir :

| | habit. | | habit. |
|---|---|---|---|
| Épinac. . . . . | 3,967 | St-Léger-du-Bois. | 1,078 |
| St-Gervais-s-Cou- | | Morlet. . . . . | 354 |
| ches. . . . . | 881 | Saizy. . . . . | 1,224 |
| Tintry. . . . . | 360 | Change. . . . . | 519 |
| Collonge-la-Made- | | Épertully. . . . | 214 |
| leine. . . . . | 182 | Créot. . . . . | 236 |
| Sully. . . . . | 1,516 | | |

**Épinac**, chef-lieu, à 18 kilomètres d'Autun et 101 kilomètres de Mâcon. Petit bourg qui portait le nom de Monetoy avant son érection en comté (1656) et dépendait du diocèse d'Autun. Dans une vallée, sur le territoire de cette commune, existait anciennement le prieuré de Saint-Benoît, fondé en 1226 par Gauthier de Sully, et qui, à peine achevé, fut brûlé par les Anglais en 1259. Son château, bâti sur un mamelon, était autrefois flanqué de sept tours qui formaient une enceinte. De toutes ces fortifications il ne reste que deux tours carrées.

Mines de houille très-importantes, découvertes en 1744.

**Sully**. Château remarquable, bâti par le maréchal de Tavannes, et l'un des plus remarquables de l'Autunois. L'édifice, construit tout entier dans un grand style, est décoré de pilastres doriques au rez-de-chaussée et ioniques à l'étage supérieur; c'est aujourd'hui la propriété du marquis de Mac-Mahon.

Dans le bois de cette commune, on admire encore les débris d'un château-fort, connu sous le nom de Tour-de-Grosme.

Change, renommé par ses pois et ses lentilles, fabrique de pointes de Paris.

## CANTON D'ISSY-L'ÉVÊQUE.

Le canton d'Issy-l'Évêque est borné au nord-est par le canton de Saint-Léger, à l'est par celui de Mesvres, au sud par l'arrondissement de Charolles et au nord-ouest par le département de la Nièvre.

Il est arrosé par la Somme qui y prend sa source au mont Dardon. Sol granitique.

Population totale : 5,567 habitants ; superficie : 23,931 hectares.

Ce canton renferme 7 communes, savoir :

|  | habit. |  | habit. |
|---|---|---|---|
| Issy-l'Évêque. . . | 1,772 | Marly-sur-Issy. . | 435 |
| Montmort. . . . | 691 | Cressy-sur-Somme. | 679 |
| Cuzy. . . . . . | 402 | Sainte-Radegonde. | 1,772 |
| Grury. . . . . | 1,151 | | |

Issy - l'Évêque, chef-lieu, à 47 kilomètres

d'Autun et 94 kil. de Mâcon. Cette commune ne dépend de l'évêché d'Autun que depuis le X$^{me}$ siècle; c'est depuis cette époque seulement qu'elle a pris le surnom qu'elle porte. Ce bourg avait autrefois un château-fort et était entouré de fossés. Patrie de M$^{me}$ de Genlis, qui naquit au château de Champcéry, et du savant jurisconsulte Barthelemy de Chasseneux.

Carrières de pierres granitiques.

**Grury.** Une des communes qui possède le plus d'anciens châteaux et de ruines. Le château de Montperroux, situé sur une hauteur, a appartenu aux sires de Bourbon. C'était, au commencement du XI$^{me}$ siècle, un donjon très-fort, entouré d'un rempart et flanqué de sept grosses tours très-élevées. Trois de ces tours furent démolies en 1500; il ne reste aujourd'hui que quelques ruines. La tour de Bryon, située au hameau du même nom, bâtie sous le règne de Charles VII, n'était qu'un poste de sûreté entouré de fossés profonds. On aperçoit sur le plateau de la montagne de Grury les vestiges d'un camp, et à l'entrée du hameau dit (chez Richard), deux tumuli bien conservés.

**Marly-sur-Issy,** où l'on admire le beau château de Pont-de-Vaux, et son vaste parc entouré de murs.

Carrières très importantes de pierres à bâtir.

# CANTON DE St LÉGER-SOUS-BEUVRAY.

Le canton de Saint-Léger-sous-Beuvray est borné au nord par le canton de Lucenay, à l'est par les cantons d'Autun et de Mesvres, au sud par le canton d'Issy-l'Évêque, et à l'ouest par le département de la Nièvre.

Son territoire est arrosé par la petite rivière de la Boutière. Population totale : 7,461 habitants ; superficie : 21,440 hectares.

Ce canton renferme 7 communes, savoir :

| | habit. | | habit. |
|---|---|---|---|
| St-Léger-s-Beuvray. | 1,366 | Étang. . . . . | 1,149 |
| Saint-Prix. . . . | 1,019 | St-Didier-s-Arroux. | 858 |
| Thil-s.-Arroux. . | 421 | La Comelle-s-Beuvray. | 820 |
| La Grande-Verrière. | 1,828 | | |

**Saint-Léger-s-Beuvray**, chef-lieu, à 19 kilomètres d'Autun, 125 kilom. de Mâcon ; pays montagneux, remarquable par le mont Beuvray qui a une élévation de 812 mètres environ, et au sommet duquel il se tient une foire le 1er mercredi de mai. Vers le milieu du versant du mont Beuvray on trouve des restes de constructions qui paraissent avoir appartenu à un couvent. Carrières de pierres granitiques et porphyriques donnant du moellon et de la taille de bonne qualité.

**La Grande-Verrière.** Mines de fer et de plomb

argentifère, commerce important d'écorces de bois de chauffage, truites estimées.

**Saint-Didier-s.-Arroux.** Commerce important de bestiaux gras élevés dans le pays.

**Étang.** Ancien château au hameau de Savigny, appartenant à M. de Talleyrand.

Carrières très-importantes de belle pierre de taille.

**La Comelle-s.-Beuvray.** Très-beau château moderne au hameau de Bouisson ; ancien château restauré au hameau de Jeu ; commerce considérable de porcs gras.

## CANTON DE LUCENAY-L'ÉVÊQUE.

Ce canton est borné au nord par le département de la Côte-d'Or, au sud par les cantons d'Autun, de Saint-Léger, et à l'ouest par le département de la Nièvre.

Il est arrosé par la rivière du Ternin.

Pays montagneux ; son sol recèle des schistes bitumineux. Population totale : 14,032 habitants; superficie : 29,162 hectares.

Ce canton renferme 12 communes, savoir :

| | habit. | | habit. |
|---|---|---|---|
| Lucenay-l'Évêque. | 1,206 | Igornay. | 890 |
| Roussillon. | 1,513 | La Petite-Verrière. | 218 |
| La Selle. | 861 | Cussy-en-Morvan. | 2,016 |
| Barnay. | 345 | Sommant. | 820 |
| Anost. | 3,853 | Reclenne. | 635 |
| Chissey-en-Morvan. | 1,115 | Cordesse. | 260 |

**Lucenay-l'Évêque**, chef-lieu, à 15 kilomètres d'Autun et 12 kilomètres de Mâcon ; ruines d'un ancien château-fort que Hugues d'Arcy, évêque d'Autun, fit entourer de murs et garnir de quatre tours ; il fut en partie démoli en 1756. Près de Lucenay, en 1523, la jeunesse d'Autun défit complètement 800 Robeurs, qui, après avoir saccagé plusieurs bourgs et villages, se disposaient à attaquer Autun.

Ruines d'un vieux château au hameau de Vesigneux, qui fut au pouvoir des Écorcheurs pendant une période de 50 ans, de 1366 à 1416. Terrains houillers.

**La Selle**, autrefois (La Celle), n'était qu'un désert presque inhabité, lorsque saint Méry s'y retira. Patrie de Jean de Vaivre, poète latin (sous François Ier).

**Anost.** Une des communes les plus importantes du Morvan. Son église, qui date du XIVe siècle, renferme les deux statues de Gérard, comte de Roussillon, et de Berthe sa femme ; on remarque encore sur son territoire les ruines de deux châteaux : celui de Val-Mignon, et celui de Roussillon, qui domine les hauteurs de la Ferrière.

**Igornay**, important par ses mines de schiste bitumineux, terrains houillers ; ruines d'un ancien château-fort.

## CANTON DE MESVRES.

Ce canton est borné au nord par le canton d'Autun, à l'est par celui de Montcenis, au sud par l'arrondissement de Charolles et le canton d'Issy-l'Évêque, et à l'ouest par celui de Saint-Léger-s.-Beuvray.

Terrains houillers, pays très-montagneux. Population totale : 7,919 habitants ; superficie : 26,604 hectares.

Ce canton renferme 12 communes, savoir :

| | habit. | | habit. |
|---|---|---|---|
| Mesvres. . . . . | 1,121 | La Chapelle. . . . | 469 |
| La Tagnière. . . | 866 | La Boulaye. . . . | 302 |
| St-Eugène. . . . | 680 | Laizy. . . . . . | 941 |
| Dettey. . . . . | 446 | Uchon. . . . . | 558 |
| Broye. . . . . | 1,070 | Brion. . . . . . | 385 |
| Charbonnat. . . | 664 | St-Nizier-s-Arroux. | 217 |

Mesvres, chef-lieu, à 14 kilomètres d'Autun et 96 kilomètres de Mâcon ; ruines d'un ancien monastère de Bénédictins, qui renfermait dans une des chapelles attenantes à la belle tour carrée, la statue de la duchesse de la Trémouille, une des bienfaitrices de l'abbaye. Au sommet de la montagne de Certenne existe une chapelle de Notre-Dame, qui est devenue un lieu de rendez-vous pour un grand nombre de pèlerins, le lundi de la Pentecôte.

La Tagnière, où l'on voit, au sommet de la montagne dite Bois-d'Escrots, un monument druidique, connu sous le nom de Pierre qui croule. L'église est fort ancienne ; terrains houillers.

Saint-Eugène possédait autrefois un monastère de Bénédictins, fondé par le duc Eudes IV en 1325, et qui fut transféré à Toulon-s-Arroux en 1686; mines de houille.

Broye. Petit village qui fut incendié en 1184 par Hugues III, pour se venger de Hugues de Broye. Beau château sur la montagne de Montjeu, possédant une magnifique galerie de tableaux et des antiquités romaines et gauloises.

La Boulaye, remarquable par les ruines de deux manoirs de Leschenault et de la Roche-Bazot.

Laizy, célèbre par son château de Chazeau bâti par le chancelier Rolin. C'est dans ce château que le comte Bussy-Rabutin a écrit ses fameuses lettres à Louis XIV.

Église remarquable par ses sculptures.

## CANTON DE MONTCENIS.

Le canton de Montcenis est borné au nord et à l'est par le canton de Couches, au sud par les arrondissements de Chalon et de Charolles,

et à l'ouest par le canton de Mesvres. Sol très-
riche en mines de houille et de fer très-importantes, arrosé par le canal du Centre et la
rivière de la Bourbince. Population totale :
30,820 habitants ; superficie : 32,467 hectares.

Ce canton renferme 12 communes, savoir :

| | habit. | | habit. |
|---|---|---|---|
| Montcenis. . . . | 1,859 | St-Firmin. . . . | 687 |
| Le Creusot. . . . | 16,094 | St-Symphorien-de- | |
| St-Sernin-du-Bois. | 1,720 | Marmagne. . . | 1,131 |
| Charmoy. . . . | 577 | Le Breuil. . . . | 1,000 |
| Marmagne. . . | 1,421 | Torcy. . . . . . | 1,379 |
| Blanzy. . . . . | 3,480 | St-Nizier-s-Charmoy. | 554 |
| St-Berain-s-Sanvignes. | 918 | | |

**Montcenis**, chef-lieu, à 27 kilomètres d'Autun
et 78 kilomètres de Mâcon ; ruines d'un ancien
manoir ayant appartenu à la première race des
ducs de Bourgogne.

Ancien couvent des Ursulines, habité aujour-
d'hui par la gendarmerie.

**Le Creusot.** Petite ville située en partie au
fond d'une vallée étroite, et qui n'était, il y a à
peine 60 ans, qu'un petit village obscur, connu
sous le nom de Charbonnière. Aujourd'hui le
Creusot, sous l'habile direction de M. Schneider,
est devenu un point tellement important, vu la
richesse de son sol, que les établissements
industriels qui y existent sont ce qu'il y a de
plus complet. Son industrie comprend trois

branches bien distinctes : l'extraction de la houille, la fabrication de la fonte et du fer, et la construction des machines. Parmi les machines de haute pression, l'usage du marteau-pilon, mu par la vapeur, est dû au Creusot).

Une succursale, spécialement destinée pour la construction des coques de bateaux à vapeur et pour quelques ouvrages de chaudronnerie, est établie à Chalon-sur-Saône, au lieu dit (Petit-Chantier-du-Creusot).

**Saint-Sernin-du-Bois.** Usine à fer, établie en 1766, et composée de deux fours pour l'affinage de la fonte, et d'un four à tôle.

Ruines d'un ancien prieuré de chanoines de l'ordre de Saint-Augustin, fondé au XIIᵉ siècle par les ducs de Bourgogne.

**Blanzy.** Petite ville située sur la Bourbince, qui longe le canal : renommée par ses riches mines de houille connues sous les noms de Blanzy, de Rigny, des Crépins et des Perrins.

Verreries à bouteilles ; gare du chemin de fer du canal. L'on remarque encore au Plessis un château-fort qui a appartenu au chancelier Rolin.

**St-Symphorien-de-Marmagne.** Ancien château de Marnay, sur le penchant d'une haute montagne, où se retirèrent les bandes d'Écorcheurs qui ravagèrent l'Autunois en 1366.

Ruines du château de Martigny, incendié en 1814 par les Autrichiens.

## ARRONDISSEMENT DE CHALON.

L'arrondissement de Chalon, compris dans les limites de l'ancien Chalonnais, est borné au nord par la Côte-d'Or, à l'ouest par l'Autunois, à l'est par le Loubannais et au sud par le Charollais.

Son territoire est arrosé par la Saône, qui le traverse dans sa plus grande longueur. Sol très-fertile, belles forêts; carrières de gypse; riches vignobles produisant annuellement 250,000 hectolitres de vin. Population très-commerçante et industrieuse.

Population : 138,361 habitants ; superficie : 173,331 hectares. Cet arrondissement est divisé en 10 cantons, qui renferment 153 communes.

## CANTONS.

Chalon ( nord ).
Chalon (sud).
Buxy.
Chagny.
St-Germain-du-Plain.

Givry.
St-Martin-en-Bresse.
Mont-St-Vincent.
Sennecey-le-Grand.
Verdun-sur-le-Doubs.

L'organisation administrative de Chalon est divisée en deux cantons : Chalon ( Nord ) et Chalon (Sud).

## CANTON DE CHALON NORD.

Le canton nord de Chalon est borné au nord par les cantons de Chagny et de Verdun, à l'est par celui de Saint-Martin-en-Bresse, au sud par celui de Chalon sud, et à l'ouest par celui de Givry. Il est traversé par le canal du Centre et le chemin de fer de Paris à Lyon ; baigné par la petite rivière de la Thalie et par la Saône qui le sépare des cantons du sud et de l'est. Sa population est de 23,540 habitants ; sa superficie de 9,081 hectares.

Ce canton renferme 10 communes, savoir :

| | habit. | | habit. |
|---|---|---|---|
| Chalon. . . . . | 19,709 | Fragnes. . . . . | 195 |
| Champforgeuil. . | 536 | St-Jean-des-Vignes. | 1,187 |
| Châtenoy-le-Royal. | 703 | La Loyère. . . . | 197 |
| Crissey. . . . . | 911 | Sassenay. . . . | 1,033 |
| Farges. . . . . | 313 | Virey. . . . . . | 516 |

Chalon, chef-lieu judiciaire et sous-préfecture, à 58 kil. de Mâcon et 342 kil. de Paris. Une des villes les plus anciennes de la Confédération éduenne, placée à l'embranchement des deux grandes voies de Lyon à Autun et à Besançon ; elle fut sillonnée par toutes les armées romaines et barbares, qui la ravagèrent en différentes époques : 264, 406, 451, 555, etc. César en fit un centre d'approvisionnements pour son armée. L'empereur Probus y apporta la culture de la vigne. Sous le gouvernement de la Bourgogne, Chalon était choisi pour la résidence des princes. Dagobert tint ses assises à Chalon; Clovis II y tint un concile; Charlemagne, pendant son séjour, fit restaurer la cathédrale de Saint-Vincent, qui avait beaucoup souffert de l'invasion des Sarrazins. Charles-le-Chauve, par un édit de 864, classa Chalon parmi les huit principales villes de France, et permit qu'on y battît monnaie. François I<sup>er</sup>, dans son passage en 1521, fit embellir la ville et développa les fortifications. Il se tint à Chalon 13 conciles, de 470 à 1073. Parmi les 85 évêques qui se sont succédé, plusieurs ont eu de la célébrité, et quelques-uns, entre autres saint Loup, saint Agricol, saint Flavie, saint Jean, saint Grat et saint Tranquille ont été canonisés. Donatien passe pour en avoir été le premier évêque vers l'an 346; le dernier fut Jean-Baptiste du Chilleau, qui, nommé en 1781, émigra pendant la Révolution.

Les monuments les plus remarquables sont : la cathédrale de Saint-Vincent, fondée en 532 par saint Agricol ; l'église Saint-Pierre, construite en 1692 par les bénédictins de St-Maur, qui s'établirent à Chalon en 1580 ; le pont St-Laurent, commencé en 1418, remarquable par ses piles qui étaient surmontées de petites cellules, et notamment celle de la première arche au-dessus de laquelle existait une petite chapelle ; l'Hôpital, fondé en 1528 par François I<sup>er</sup>, et reconstruit tout à neuf depuis quelques années seulement ; l'hôpital Saint-Louis, bel établissement, refuge des vieillards et des indigents, fondé en 1682 ; le Palais de Justice, l'Hôtel-de-Ville, les Halles, l'Obélisque érigé en 1793 en mémoire de l'ouverture du canal du Centre, et le Port, qui date déjà du II<sup>e</sup> siècle.

Patrie de saint Origius ; saint Didier, archevêque de Vienne, saint Césaire, du sculpteur Guillaume Boichot, du célèbre archéologue Grivaud de la Vincelle, du général Poinsot et du marquis d'Uxelles.

Industrie : fabrique de chapeaux, fonderies, poteries, sucrerie.

Commerce de grains, farines, bois de chauffage, cuirs ; entrepôt général des marchandises pour le nord et le midi de la France, vins de Bourgogne et du Midi, foires très-importantes.

Champforgeuil. Petit village qui, par sa position, a beaucoup souffert du temps de la ligue ; il fut ravagé en 1360 par Guillaume de Mailli. Ruines d'un vieux château ayant appartenu à l'évêque Ponthus de Thiard.

Châtenoy-le-Royal, important par ses carrières de sable ; belle fabrique de sucre de betteraves au hameau des Alouettes.

**Crissey**, où l'on remarque encore dans le chœur de l'église des parties de verrières du XVe siècle, représentant saint André et saint Denis.

Commerce de fromages très-estimés.

**Saint-Jean-des-Vignes**, restes d'un couvent de capucins, fondé en 1604 et démoli en 1793. Sur le cimetière existe une croix qui date du XVIe siècle.

## CANTON DE CHALON SUD.

Le canton de Chalon sud est borné au nord par le canton de Chalon nord, à l'est par ceux de Saint-Martin et de Saint-Germain-du-Plain, au sud par le canton de Sennecey-le-Grand, et à l'ouest par les cantons de Buxy et Givry.

Il est arrosé par la Saône et la Grosne, et traversé par le chemin de fer de Paris à Lyon. Population : 9,988 hab. ; superficie : 11,375 hect.

Ce canton renferme 11 communes, savoir :

| | habit. | | habit. |
|---|---|---|---|
| La Charmée. | 575 | Saint-Marcel. | 1,518 |
| Châtenoy-en-Bresse. | 330 | Marnay. | 617 |
| Epervans. | 728 | Oslon. | 360 |
| Lans. | 229 | Saint-Remy. | 1,092 |
| St-Loup-de-Varennes. | 666 | Sevrey. | 1,089 |
| Varennes-le-Grand. | 1,402 | | |

**Saint-Remy**, bâti sur une éminence près de la rive droite de la Saône, remarquable par son château de Thaisey, au hameau du même nom, où fut conclu, entre Henri IV et le duc de Mayenne, le traité qui mit fin aux troubles de la ligue, en 1595.

**Saint-Marcel**, petit bourg anciennement appelé *Hubiliacus*, et qui fut le théâtre du martyre de saint Marcel, apôtre du Chalonnais, dont il a pris le nom.

Gontran y fonda en 577 un monastère, et y fut inhumé en 593; les religieux lui érigèrent un mausolée. Ce couvent fut, en différentes époques, envahi par les Sarrazins et les Hongres, et complètement dévasté par les Huguenots, qui ne laissèrent derrière eux que des monceaux de ruines à la place de la riche abbaye et de la somptueuse basilique de Gontran. C'est à Saint-Marcel, en 1142, que mourut Abélard, un des plus célèbres docteurs de son siècle, à l'âge de 63 ans. Il ne reste plus des anciens bâtiments du monastère que l'église actuelle, dont le pape Pie VII a consacré le maître-autel en 1805.

## CANTON DE BUXY.

Le canton de Buxy est borné au nord par le canton de Givry, à l'est par les cantons de Chalon et Sennecey-le-Grand, au sud par ceux de Saint-Gengoux et du Mont-Saint-Vincent, à l'ouest par ceux de Couches et Montcenis.

Il est arrosé par la petite rivière de la Guye et la Grosne qui la sépare du canton de Sennecey-le-Grand.

Sol très-riche en mines de houille. Production de vins assez estimés.

Population totale : 16,371 habitants. Superficie 27,457 hectares.

Ce canton renferme 29 communes, savoir :

| | habit. | | habit. |
|---|---|---|---|
| Buxy. . . . . | 2,030 | Mareilly-les-Buxy. | 1,056 |
| Bissey-s-Cruchaud. | 582 | St-Martin-d'Auxy. | 188 |
| Bissey-sur-Fley. . | 300 | St-Martin du Tartre. | 481 |
| Saint-Boil. . . . | 818 | St-Maurice-des-Champs. | 183 |
| Cersot. . . . . | 272 | Messey-sur-Grosne. | 1,243 |
| Chenove. . . . | 508 | Montagny-les-Buxy. | 363 |
| Culles. . . . . | 350 | Moroges. . . . | 855 |
| Éculsses. . . . | 1,503 | Santilly. . . . | 278 |
| Fley. . . . . . | 502 | Sassangy. . . . | 461 |
| Germagny. . . . | 279 | Saules. . . . | 216 |
| St-Germain-des-Bois. | 424 | Savianges. . . . | 240 |
| Sainte-Hélène. . . | 727 | Sercy. . . . | 323 |
| Jully-les-Buxy. . | 579 | St-Vallerin. . . . | 479 |
| St-Laurent-d'Andenay. | 439 | Villeneuve-en-Mon- | |
| St-Privé. . . . . | 238 | tagne. . . . | 421 |

**Buxy**, chef-lieu, à 16 kilomètres de Chalon et 60 kilomètres de Mâcon. Petit bourg très-commerçant, autrefois entouré de murs flanqués de tours, et ceint de fossés. Les habitants furent affranchis en 1214 par Béatrix, comtesse de Chalon. La peste, en 1438 et 1628, décima entièrement ce village. Les Reîtres l'incendièrent en partie en 1576. Les protestants y étaient très-nombreux et y avaient un prêche. En 1671, il s'y tint un synode. On voit encore à Buxy les ruines d'un vieux château qui, composé de l'église et de 40 maisons tout au plus, comprenait ce qu'on nomme le bourg de Buxy.

Vins estimés ; carrières de pierres calcaires et de sable.

**Bissey-sur-Fley**, remarquable par son château, où naquit, en 1521, Ponthus de Thiard, évêque de Chalon.

Carrières de pierres granitiques.

**Saint-Boil**, Commerce de vins très-estimés, et surtout ceux (des Tâches), hameau d'Etivaut.

Carrières de pierres de taille.

**Saint-Martin-du-Tartre**. Très-belle église ; ruines d'un vieux château à Maizeray.

**Messey-sur-Grosne**. Village fort ancien, qui fut donné en 854 aux moines de Saint-Philibert de Tournus, par Charles-le-Chauve ; vieux château en briques, habité.

**Montagny-les-Buxy**. Vins blancs très-estimés ; château au hameau de la Tour-Bandin, dont la construction date du XV<sup>e</sup> siècle.

**Savianges**, renommé par ses vins blancs de Quintry. Le château, où l'on voit encore les trois tours, était autrefois fortifié et appartenait à la famille de Thiard. Le chœur de l'église paroissiale, qui, sans doute était la chapelle seigneuriale, est remarquable par la peinture de ses vitraux.

**Sercy**, commune autrefois très-importante ; ruines d'un ancien château-fort, au sommet de la montagne du Bourgeot ; beau château moderne appartenant à M. de Contenson ; vins estimés.

## CANTON DE CHAGNY.

Le canton de Chagny est borné au nord par le département de la Côte-d'Or, à l'est par le canton de Verdun, au sud par les cantons de Givry et de Chalon, et à l'ouest par le canton de Couches. Il est traversé par le canal du Centre et la ligne du chemin de fer de Paris à Lyon.

Sol très-riche en carrières de pierre fine. La vigne est la principale culture du pays.

Population totale : 14,684 habitants ; superficie : 15,339 hectares.

Ce canton renferme 13 communes, savoir :

| | habit. | | habit. |
|---|---|---|---|
| Chagny. | 3,459 | Rully. | 1,662 |
| St-Léger-s-Dheune. | 2,129 | Fontaines. | 1,574 |
| Demigny. | 1,664 | Dennevy. | 1,141 |
| Chaudenay. | 894 | Chamilly. | 367 |
| Chassey. | 533 | Lessard-le-Royal. | 175 |
| Remigny. | 470 | Bouzeron. | 210 |
| Aluze. | 406 | | |

*Chagny*, chef-lieu, à 17 kilomètres de Chalon et 74 kilomètres de Mâcon. Bourg très-ancien, appelé autrefois (*Chag..iacum*), et qui n'a le titre de ville que depuis une cinquantaine d'années ; sa position près du canal du Centre le rend très-important en raison des grandes voies de communication qui, chaque jour, viennent y aboutir. Ancien château-fort bâti sur pilotis près de la Dheune, dont il ne reste qu'une tour servant actuellement de prison ; hôpital, fondé en 1700 par Charles de la Boutière. Il y eut également un prieuré de l'ordre de St-Ruf, fondé en 1220 par Durand, évêque de Chalon, qui existait dans le voisinage du château féodal ; l'église actuelle en dépendait. Les habitants furent affranchis en 1224 par Eudes de Bourgogne, seigneur de Montaigu et de Chagny ; entrepôt général de houille, de bois de construction et de chauffage.

Gares très-importantes pour la ligne du chemin de fer de Paris à Lyon et celle du canal.

*Saint-Léger-sur-Dheune*. Exploitation de mines de houille très-importantes. Port sur le canal du Centre, grand commerce de plâtre ; église très-ancienne, et dans laquelle on remarque quelques tableaux dont les sculptures sont d'une originalité curieuse et assez rare.

*Demigny*, jolie commune située sur le penchant d'un riche coteau chargé de vignes, et dominé par un château de construction moderne d'où l'on jouit d'un des plus beaux points de vue de la Bourgogne ; très-belle église du XVe siècle.

Carrières de pierre noire, fabrique de poterie commune.

*Rully*, situé sur le penchant d'une montagne près la route départementale de Mâcon à Chagny. Bourg très-important et renommé par ses vins ; nombreuses carrières de pierre à bâtir.

La terre de Rully, érigée en baronnie, a donné son nom à de puissants seigneurs, dont la famille s'est éteinte vers le XIIIe siècle. Cette paroisse fut plusieurs fois ravagée par la peste ; le fléau de 1347 surtout en réduisit les habitants à un si petit nombre, que ces derniers crurent devoir abandonner ces lieux, comme frappés de la malédiction de Dieu, et vinrent s'établir dans le bas, auprès de la fontaine d'Arlin.

Rully possédait trois châteaux-forts, dont l'un domine encore le village, et a tout l'aspect d'un manoir féodal.

Grottes au hameau d'Agneux, assez curieuses à voir.

*Fontaines.* Ruines d'un ancien prieuré de Bénédictins, au sommet de Saint-Hilaire ; près de là existe la grotte de Pierretoïde, qui est d'une étendue assez considérable ; église rurale du

XIII⁰ siècle, qui passe pour un des plus beaux temples du canton.

Carrières de pierre calcaire ; vins estimés du hameau dit Saint-Nicolas.

*Chaudenay.* Magnifique château de construction moderne, au hameau de Mimande, et dont les premières fondations datent de 1310 ; église très-remarquable.

*Chamilly.* Ruines de l'ancien château de Chamilly, sur la montagne de la Garenne, et où naquit le célèbre maréchal Noël Bouton de Chamilly.

## CANTON DE St-GERMAIN-DU-PLAIN.

Le canton de St-Germain-du-Plain est borné au nord par les cantons de St-Martin-en-Bresse et Chalon (sud), à l'est et au sud par les arrondissements de Louhans et de Sennecey-le-Grand. Population totale : 8,013 habitants ; superficie : 12,474 hectares.

Ce canton renferme 7 communes, savoir :

| | habit. | | habit. |
|---|---|---|---|
| St-Germ.-du-Plain. | 1,573 | St-Christophe-en- | |
| Ouroux. | 2,012 | Bresse. | 1,003 |
| Baudrières. | 1,351 | Lessard-en-Bresse. | 636 |
| Labergement-Sainte- | | Tronchy. | 472 |
| Colombe. | 963 | | |

*Saint-Germain-du-Plain*, chef-lieu, à 15 kil. de Chalon et à 54 kil. de Mâcon. Petit bourg assez bien situé. Les habitants furent affranchis en 1360 par Vauthier de Groslois. Ancienne tour ronde, dont les murs construits en briques ont 2 mètres d'épaisseur; port et bac sur la Saône.

*Saint-Christophe-en-Bresse.* Ancien château de Villargeau. Ruines d'un abbaye de femmes au hameau de Barres, et qui dépendait des Bénédictines de Molaise; église très-ancienne.

*Lessard-en-Bresse*, commune autrefois très-importante, d'abord comme résidence seigneuriale, possédant une justice de paix de laquelle dépendaient plusieurs seigneuries voisines; ensuite comme chef-lieu de canton de 1790 à 1802. Ancien château-fort, construit en briques et défendu par de larges fossés et 4 tours crénelées, dont deux subsistent encore.

## CANTON DE GIVRY.

Le canton de Givry est borné au nord par l'arrondissement d'Autun et le canton de Chagny, à l'est par le canton de Chalon (nord), au sud par ceux de Chalon (sud) et de Buxy.

Territoire qui produit d'excellents vins et renferme des carrières de gypse.

Population totale : 13,201 habitants.
Superficie :         14,868 hectares.

Ce canton renferme 18 communes, savoir :

| | habit. | | habit. |
|---|---|---|---|
| Givry. . . . . | 3,046 | St-Jean-de-Vaux. . | 289 |
| Touches. . . . | 1,206 | Morey. . . . . | 533 |
| Saint-Desert. . . | 1,052 | St-Martin-s-Montaigu. | 317 |
| Mellecey. . . . | 954 | St-Denis-de-Vaux. . | 369 |
| St-Berain-s-Dheune. | 1,201 | Rosey. . . . . | 323 |
| Jambles. . . . | 682 | St-Mard-de-Vaux. . | 282 |
| Dracy-le-Fort. . | 614 | Barisey. . . . | 276 |
| Mercurey. . . . | 682 | Granges. . . . | 319 |
| Charrecey. . . . | 563 | Châtel-Moron. . . | 265 |

*Givry*, chef-lieu, à 9 kilomètres de Chalon, 63 kilomètres de Mâcon. Petite ville située près de la forêt du même nom, au pied d'un coteau couvert de vignes, qui donnent les meilleurs vins du Chalonnais. Guillaume de Mello, en 1310, permit aux habitants de ceindre leur ville de murailles, et c'est probablement depuis cette époque que ce pays fut entouré de murs épais et de fossés profonds, creusés dans le roc et flanqués de huit grosses tours ; l'on voit encore les ruines de trois tours, ainsi que quelques pans de murailles. Cette petite ville fut prise et saccagée en 1360 par les compagnies d'Écorcheurs ; l'église fut pillée, et la majeure partie des habitations incendiées par les Reitres, 1525.

Riches carrières de pierres rouges et blanches. Patrie du célèbre baron Denon.

*Touches*. Petite commune importante par ses nombreux ateliers de tonnellerie ; commerce de vins très-estimés. Au sommet d'une roche escarpée, entre Saint-Martin et Touches, s'élèvent encore les ruines imposantes du château de Montaigu, dont la construction remonte au XIᵉ siècle. C'était la résidence habituelle des sires de Montaigu, puinés de la première maison de Bourgogne. Ce château fut démantelé par ordre de Henri IV, et a été tout-à-fait ruiné en 1793.

*Saint-Desert*, pays autrefois entouré de murs, qui subsistaient encore en 1790. Les ligueurs de Chalon, en 1591, pillèrent l'église.

Carrières de pierre jaunâtre, vins estimés.

*Mellecey.* Beau château au hameau de Germolles, bâti au pied du Mont-à-Dieu, par les ducs de Bourgogne, vers 1383. Charles VI y fut magnifiquement reçu en 1389, par Philippe-le-Hardi. Ce château fut également, à diverses époques, la résidence d'Agnès-Anne de Bourgogne et de Diane de Poitiers; Henri IV y vint, dit-on, passer quelques jours avec Gabrielle.

Carrières de pierre, vins assez estimés.

*Saint-Berain-sur-Dheune.* Riches mines de houille; carrières de belle pierre de taille; verrerie à bouteilles.

*Mercurey.* Vins fins très-recherchés. Ce pays aurait, dit-on, tiré son nom d'un ancien temple dédié à Mercure.

Carrières de pierres roses et blanches.

## CANTON DE St-MARTIN-EN-BRESSE.

Le canton de St-Martin-en-Bresse est borné au nord par le canton de Verdun, à l'est par l'arrondissement de Louhans, au sud par les cantons de Saint-Germain-du-Plain et de Chalon (sud), et à l'ouest par celui de Chalon (nord).

Population exclusivement occupée à la culture des terres et à l'exploitation des forêts.

Population totale : 5,961 habitants ; superficie : 12,875 hectares.

Ce canton renferme 9 communes, savoir :

| | habit. | | habit. |
|---|---|---|---|
| St-Martin-en-Bresso. | 1,795 | St-Didier-en-Bresse. | 460 |
| St-Mce-en-Rivière. | 1,025 | Villegaudin. | 365 |
| Damerey. | 736 | Montcoy. | 269 |
| Bey. | 566 | Guerfand. | 177 |
| Allériot. | 628 | | |

*Saint-Martin-en-Bresse*, chef-lieu, à 18 kil. de Chalon et à 75 kil. de Mâcon. Village très-ancien, qui a eu beaucoup à souffrir durant les guerres de religion, et fut en partie décimé par la peste ; le hameau était une ancienne baronnie et possédait un château-fort. Fabriques importantes de tuiles et de briques.

*Villegaudin.* L'on remarque au milieu d'une forêt un joli château, connu sous le nom de La Marche, et bâti en 1682 sur les fondations d'un ancien château-fort, par Claude Fyot, comte de Bosjean.

*Guerfand.* Ruines d'un ancien château-fort situé sur un monticule, et qui a appartenu au maréchal de Biron.

## CANTON DU MONT-St-VINCENT.

Le canton du Mont-St-Vincent est borné au nord par le canton de Buxy et l'arrondissement d'Autun, au sud par les arrondissements de Mâcon et de Charolles.

La rivière de la Guye arrose une partie de son territoire. Pays très-montagneux et abondant en sources d'eaux vives. Population totale : 15,061 habitants ; superficie : 20,902 hectares.

Ce canton renferme 13 communes, savoir :

|  | habit. |  | habit. |
|---|---|---|---|
| Mont-St-Vincent. . | 689 | St-Romain-s-Gourdon. | 639 |
| St-Vallier. . . . | 2,524 | St-Micaud. . . . . | 651 |
| St-Eusèbe. . . . | 1,036 | Marigny. . . . . | 412 |
| Montchanin-l-Min⁵. | 3,016 | Mary. . . . . . | 488 |
| Genouilly. . . . | 732 | St-Clément-s-Guye. . | 432 |
| Gourdon. . . . | 813 | Vaux-en-Pré. . . | 291 |
| Le Puley. . . . | 171 | | |

*Mont-Saint-Vincent,* chef-lieu, à 43 kil. de Chalon et 54 kil. de Mâcon. Point central du département, au sommet d'une montagne élevée de 800 mètres au-dessus du niveau de la mer. Ce pays avait une forteresse qui fut démantelée par Louis VII, en 1161 ; il y avait une abbaye de Bénédictins de la congrégation de Cluny.

*Saint-Eusèbe*, petit bourg situé sur une élévation, important par ses mines de houille en exploitation. Terrains schisteux; ancien château au hameau de Monay; commerce considérable de bétail.

*Montchanin-les-Mines.* Nouvelle commune appelée à devenir très-importante, à cause de ses riches mines de houille qui n'occupent pas moins de 6 à 700 ouvriers; pays autrefois couvert de bruyères. Cette commune ne date que du 31 mai 1853, époque où, par un décret impérial, elle fut formée de divers hameaux faisant partie de la commune de Saint-Eusèbe. On remarque de loin le magnifique château de M. Avril, entouré d'un parc immense.

*Gourdon*, village fort ancien, situé sur une montagne. Sol schisteux; saint Désiré y vivait en ermite en 534, et y fut inhumé en 579. On remarque encore au hameau des Puits un château flanqué de deux fortes tours, qui a appartenu autrefois à M. de Scorailles, écuyer du roi.

## CANTON DE SENNECEY-LE-GRAND.

Le canton de Sennecey-le-Grand est borné au nord par les cantons de Chalon (sud) et de Saint-Germain-du-Plain, au sud par les arrondissements de Louhans et de Mâcon, et à l'ouest par le canton de Buxy.

Il est arrosé par la Grosne et le Grison, et traversé par la ligne du chemin de fer de Paris à Lyon.

La culture du mûrier est la principale industrie du pays. Population totale : 14,623 habitants ; superficie : 20,495 hectares.

Ce canton renferme 18 communes, savoir :

| | habit. | | habit. |
|---|---|---|---|
| Sennecey-le-Grand. | 2641 | Jugy. | 563 |
| Boyer. | 1335 | Colombier-s-Uxelles. | 509 |
| Nanton. | 1428 | St-Ambreuil. | 533 |
| Laives. | 1294 | Bresse-sur-Grosne.. | 512 |
| Etrigny. | 1176 | Beaumont-s-Grosne. | 436 |
| Gigny. | 982 | Chapelle-de-Bragny. | 452 |
| Mancey. | 749 | Vers. | 258 |
| Lalheue. | 794 | Champlieu. | 162 |
| St-Cyr. | 704 | Montceau. | 115 |

*Sennecey-le-Grand*, chef-lieu, à 17 kilom. de Chalon et 40 kilom. de Mâcon. Petite ville très-commerçante ; ancienne baronnie qui fut érigée en marquisat en 1615, par Henry de Beaufremont ; ruines du château de Ruffey. L'église paroissiale actuelle est élevée à l'emplacement d'un ancien château-fort, muni de deux grosses tours, qui avaient été bâties par J. de Toulongeon, maréchal de Bourgogne. Gare très-importante sur la ligne du chemin de fer.

*Boyer.* Village fort ancien, situé au pied d'un coteau ; château reconstruit à la moderne, au hameau de Pimont. Boyer a vu naître saint Loup, évêque de Chalon, qui vivait au VII<sup>e</sup> siècle.

*Nanton.* Petit bourg important par ses vins blancs; carrières de pierres de gré fin.

*Mancey.* Ruines de l'ancien château-fort que Pierre de Vergyé, sieur de Dulphey, fit construire en 1529 au hameau de Dulphey.

Carrières de pierre blanche à bâtir.

*Jugy.* Vins estimés des climats de Scivolières, du Champ-Try et de la Garenne; ruines d'une ancienne église, au sommet de la montagne de Saint-Germain-des-Buis.

*Saint-Ambreuil.* Près de ce lieu était la célèbre et ancienne abbaye de La Ferté de l'ordre de Saint-Benoît, fondée en 1113 par Savaric de Vergy et Guillaume de Thiers, comtes de Chalon; elle fut plus tard fortifiée par le duc Jean-sans-Peur; ce beau monument fut brûlé en 1570 par ordre de Coligny. Il ne reste de ce couvent que la partie appelée abbatial, qui est aujourd'hui la propriété du baron Thénard.

## CANTON DE VERDUN.

Le canton de Verdun est borné au nord par le département de la Côte-d'Or, à l'est par celui du Jura, au sud par l'arrondissement de Louhans, le canton de Saint-Martin et celui de Chalon (nord), à l'ouest par celui de Chagny.

Il est arrosé par le Doubs et une partie de la

Saône. Commerce important de bois de construction; charbons, foires et bestiaux.

Population totale : 16,919 habitants; superficie : 28,465 hectares.

Ce canton renferme 24 communes, savoir :

| | habit. | | habit. |
|---|---|---|---|
| Verdun. | 1914 | Ecuelles. | 637 |
| Gergy. | 1819 | Pontoux. | 508 |
| Allerey. | 1123 | Palleau. | 457 |
| St-Loup-de-la-Salle. | 1070 | Sermesse. | 443 |
| Verjux. | 958 | St-Martin-en-Gât. | 413 |
| Ciel. | 943 | La Villeneuve. | 345 |
| Bragny. | 939 | Saunières. | 334 |
| Longepierre. | 619 | Les Bordes. | 291 |
| Navilly. | 728 | Mont-les-Seurre. | 301 |
| St-Gervais-en-Val. | 712 | Géanges. | 373 |
| Charnay-les-Chal. | 978 | Toutenant. | 519 |
| Pourlans. | 565 | Clux. | 230 |

*Verdun*, chef-lieu, à 23 kilomètres de Chalon et 81 kilomètres de Mâcon. Jolie petite ville, agréablement située au confluent de la Saône et du Doubs. Verdun (Verdunum) tire son nom de deux mots celtiques: *Ver* et *Dunum*, qui signifient, selon Bullet, rivière coupée. Cette ville gauloise faisait la limite entre les Éduens et les Séquanais; le séjour des Romains y est marqué par un grand nombre d'objets antiques qu'on y a trouvés. Charles-le-Chauve y battit monnaie vers l'an 866. C'est dans cette ville que fut réunie, en 1014, par Hugues, comte de Chalon, l'assemblée des barons et des évêques de Bourgogne, qui devaient terminer les débats élevés au sujet de la succession de Henri-le-Grand, et qui troublaient le pays depuis douze ans.

La peste y fit de si grands ravages en 1347, qu'il n'y resta que 13 familles; en mémoire de cet événement, l'on érigea dans l'église une petite chapelle, que l'on voit encore, sous le nom de Chapelle-des-Treize. L'antique château, situé sur l'île, fut complètement démoli par Henri IV.

Commerce très-important de tuiles, grains, bois, charbons, foins, bestiaux.

*Bragny*, célèbre par le séjour qu'y fit Ponthus de Thiard au hameau de la Barre, et où il mourut le 23 septembre 1605.

Ancien château des Thiard de Bissy, entièrement démoli; vins blancs très-estimés.

*Navilly.* Beau château moderne avec parc.

*Écuelles.* Commune qui possédait avant la Révolution un couvent de Bernardines, fondé par Eudes II en 1142, dont la première abbesse fut Béatrix de Vergy. Ancien château-fort, flanqué de quatre tours, entièrement démoli.

Commerce de vins, fourrages, bois et charbons.

*Allerey.* Village qui était défendu par une forteresse dont on voit encore quelques débris.

Château appartenant à M. le comte de Menton (de Dole). Sol riche et fertile; blés renommés.

## ARRONDISSEMENT DE CHAROLLES.

L'arrondissement de Charolles est borné au nord par les arrondissements d'Autun et de Chalon; à l'est par celui de Mâcon, à l'ouest par ceux de l'Allier et de la Nièvre, et au sud par les départements du Rhône et de la Loire. Les principaux cours d'eau qui l'arrosent sont: La Loire, l'Oudrache, le Sornin, l'Arconce, la Bourbince, la Semence, le canal du Centre qui longe la Bourbince. Sol généralement assez fertile en grains, et renfermant plusieurs établissements industriels, tels que: Usines à fer, blanchisserie, filature de coton et fabrique de toiles; riches mines de houille et minières de fer.

Commerce important de bestiaux, que l'on engraisse dans le pays pour les approvisionnements de Paris et de Lyon.

Population totale: 129,937 habitants; superficie: 246,840 hectares.

Cet arrondissement est divisé en 13 cantons, qui renferment 136 communes.

### CANTONS.

Charolles.
Bourbon-Lancy.
St-Bonnet-de-Joux.
Chauffailles.
La Clayette.
Digoin.
Gueugnon.

La Guiche.
Marcigny.
Palinges.
Paray-le-Monial.
Semur-en-Brionnais.
Toulon-sur-Arroux.

## CANTON DE CHAROLLES.

Le canton de Charolles est borné au nord par le canton de Palinges, à l'est par celui de Saint-Bonnet-de-Joux, à l'ouest par le canton de Paray, et au sud par ceux de La Clayette et de Semur.

Il est arrosé par l'Arconce. Sa population totale est de 12,351 habitants; sa superficie : 21,448 hectares.

Ce canton renferme 14 communes, savoir :

| | habit. | | habit. |
|---|---|---|---|
| Charolles. . . . | 3,284 | Baron. . . . . | 622 |
| Vendenesse-les-Ch^les | 1,548 | Champlecy. . . | 498 |
| St-Julien-de-Civry. | 1,384 | Marcilly. . . . | 501 |
| Ozolles. . . . . | 1,206 | Vaudebarrier. . . | 435 |
| Viry. . . . . . | 745 | S^t-Symphorien-l-Ch. | 385 |
| Changy. . . . | 802 | Prizy. . . . . | 246 |
| Lugny-les-Charol. | 585 | Fontenay. . . . | 112 |

*Charolles*, chef-lieu d'arrondissement et de canton, à 51 kil. de Mâcon et 372 kil. de Paris. Petite ville située dans une gorge sinueuse, au confluent de la Semence et de l'Arconce, et dominée par une colline dont le sommet est couronné par les ruines pittoresques d'un ancien château. L'origine de cette ville paraît antérieure au X^e siècle; il en est fait mention dans une ancienne charte portant que ce fut près de Charolles que Raoul défit les Normands en 929; elle fut quelque temps sous la domination des Calvinistes, qui la pillèrent. Une famine terrible causa la destruction d'une grande partie de ses habitants en 1531.

Commerce important de grains, vins, bois, fer, houille, et principalement de bœufs; fabriques de chapellerie, tuilerie, fours à chaux; moulins à plâtre.

*Viry*, situé sur l'Arconce. L'on remarque sur le grand vitrail de l'église de cette paroisse, des peintures bien conservées, qui représentent Charles de Saillant et sa femme, aux pieds de saint Charlemagne et de sainte Marguerite.

*Lugny-les-Charolles*. Magnifique château, entouré de vastes jardins, construit en 1771.

*Vaudebarrier*. Carrières importantes de pierres à chaux et à bâtir; carrières de gré fin, propre à faire des meules à aiguiser.

## CANTON DE BOURBON-LANCY.

Le canton de Bourbon-Lancy est borné au nord par le département de la Nièvre, à l'est par les cantons d'Issy-l'Évêque et de Gueugnon, au sud et à l'ouest par le département de l'Allier.

Il est arrosé par la Somme et baigné par la Loire qui le sépare du département de l'Allier.

Population totale : 9,889 habitants; superficie : 28,382 hectares.

Ce canton renferme 10 communes, savoir :

| | habit. | | habit. |
|---|---|---|---|
| Bourbon-Lancy. | 3,253 | Vitry-sur-Loire. | 882 |
| Cronat. | 1,403 | St-Aubin-s-Loire. | 649 |
| Chalmoux. | 1,096 | Mont. | 377 |
| Maltat. | 812 | Perrigny. | 386 |
| Gilly-sur-Loire. | 818 | Lesmes. | 213 |

*Bourbon-Lancy*, chef-lieu , à 53 kilomètres de Charolles et 104 kilomètres de Mâcon. Petite ville agréablement située sur le penchant d'une colline, près de la rive droite de la Loire, et dominée par les ruines d'un ancien château-fort entouré de fossés profonds, creusés dans le roc; ville ancienne, célèbre de temps immémorial par ses eaux thermales. D'après plusieurs historiens, Nisineus passe pour avoir été le fondateur de ces établissements de bains. Commerce de bois de chauffage et de construction; exploitation de bestiaux.

*Gilly-sur-Loire.* Mines de fer très-importantes ; carrières de pierres à chaux et à bâtir, pierres grises veinées de blanc et de rouge.

## CANTON DE SAINT-BONNET-DE-JOUX.

Le canton de Saint-Bonnet-de-Joux est borné au nord par le canton de la Guiche, à l'est par celui de Cluny, à l'ouest par celui de Charolles, et au sud par ceux de La Clayette et de Matour.

Son territoire est arrosé par les petites rivières de Montgreu et de la Semence.

Pays couvert de bois. Population totale : 7,237 habitants ; superficie : 14,935 hectares.

Ce canton renferme 6 communes, savoir :

| | habit. | | | habit. |
|---|---|---|---|---|
| St-Bonnet-de-Joux. | 1,632 | Pressy. . . . . | | 897 |
| Beaubery. . . . | 1,173 | Suin. . . . . | | 1,671 |
| Mornay. . . . | 786 | Vérosvres. . . . | | 1,078 |

*Saint-Bonnet-de-Joux*, chef-lieu, à 14 kilomètres de Charolles, 46 kilomètres de Mâcon. L'on remarque au hameau de Chaumont le magnifique château de M. le marquis de La Guiche, qui fut bâti en 1540 par Louis, duc d'Angoulême ; Louis XIV le visita.

Commerce de bestiaux et de grains ; foires très-importantes.

*Suin.* Bourg situé sur le sommet de l'une des plus hautes montagnes du Charollais. Commerce important de bétail, châtaignes, navets très-estimés.

*Vérosvres.* Patrie de la pieuse Marie Alacoque, religieuse du couvent de Paray-le-Monial.

## CANTON DE CHAUFFAILLES.

Le canton de Chauffailles est borné au nord par le canton de La Clayette, à l'est par le département de la Loire, à l'ouest par le canton de Semur, et au sud par le département du Rhône. Il est arrosé par le Sornin et la petite rivière du Bottoret.

Un des cantons les plus industrieux du département ; abondantes récoltes de froment, seigle , avoine, colza, chanvre , pommes de terre et fourrages; nombreuses manufactures.

Population totale : 12,615 habitants ; superficie : 10,129 hectares.

Ce canton renferme 9 communes, savoir :

| | habit. | | habit. |
|---|---|---|---|
| Chauffailles. . . | 3,979 | St-Martin-de-Lixy. | 196 |
| Chassigny-s-Dun. . | 1,079 | St- Maurice- les- | |
| Château-Neuf. . . | 302 | Château-Neuf. | 1,710 |
| Coublanc. . . . | 1,712 | Mussy-s-Dun. . . | 1,551 |
| St-Igny-de-Roche. | 1,094 | Tancon. . . . | 992 |

*Chauffailles*, chef-lieu , à 31 kilomètres de Charolles et 65 kilomètres de Mâcon. Petite ville située sur la route départementale d'Autun à Beaujeu; commerce considérable de toiles de coton et de lin, qui alimentent les marchés de Roanne, de Beaucaire, de Lyon et de Villefranche-sur-Saône. Entrepôts de houille, de vins du Beaujolais et du Mâconnais; belle blanchisserie , que l'on peut regarder comme une des meilleures de France.

*Château-Neuf.* Ancienne châtellenie royale, château-fort; fabrique de soie.

*Saint-Ygny-de-Roche.* Filature importante de

coton, occupant environ de deux à trois mille ouvriers.

## CANTON DE LA CLAYETTE.

Le canton de La Clayette est borné au nord par le canton de Charolles, à l'est par le canton de Matour et le département du Rhône, à l'ouest par les cantons de Charolles et Semur, et au sud par le canton de Chauffailles.

Il est arrosé par la rivière du Sornin. Son sol renferme des mines de houille. Population totale : 13,721 habitants; superficie : 18,287 hectares.

Ce canton renferme 15 communes, savoir :

| | habit. | | habit. |
|---|---|---|---|
| La Clayette. . . | 1,671 | St-Germain-des-Bois | |
| Amanzé. . . . | 502 | Gibles. . . . . | 1,485 |
| Baudemont. . . | 484 | St-Racho. . . . | 911 |
| Bois Ste-Marie. . | 319 | St-Symphorien. . | 734 |
| La Chapelle-s-Dun. | 895 | Vareilles. . . . | 578 |
| Colombier-en-Brion. | 962 | Varennes-s-Dun. . | 1,090 |
| Curbigny. . . . | 443 | Vauban. . . . . | 1,026 |
| Dyo. . . . . . | 941 | | |

*La Clayette*, chef-lieu, à 19 kilomètres de Charolles et 53 kilomètres de Mâcon. Petite ville agréablement située au pied d'une montagne, sur les bords d'un petit lac.

Ancien château féodal; patrie de Lamétherie. Commerce très-actif de bois et de fil.

*La Chapelle-sous-Dun.* Mines de houille très-importantes à La Chapelle et aux Moquets, donnant environ 186 mille quintaux métriques de houille par an.

*Curbigny.* Beau château près l'étang de la Bazole, bâti par le duc de Lesdiguières, aujourd'hui la propriété de M^me Alix, comtesse de Tournon.

*St-Laurent-en-Brionnais.* Église remarquable. Cette commune possède un pensionnat de jeunes filles très-important, dirigé par les dames du St-Sacrement d'Autun.

## CANTON DE DIGOIN.

Le canton de Digoin est borné au nord par le canton de Gueugnon, à l'est par celui de Paray, au sud par le département de l'Allier.

Il est arrosé par la Bourbince, l'Arroux, la Loire qui le sépare du département de l'Allier, et l'Arconce.

Population très-active occupée principalement au chargement des bateaux ; minières abondantes.

Population totale : 7,101 habitants ; superficie : 9,822 hectares.

4

Ce canton renferme 5 communes, savoir :

|  | habit. |  | habit. |
|---|---|---|---|
| Digoin. | 3,070 | La Motte-St-Jean. | 1,672 |
| St-Agnan. | 1,890 | Varenne-Reuillon. | 268 |
| St-Germain-d-Rives. | 291 |  |  |

*Digoin*, chef-lieu, à 24 kilomètres de Charolles et 76 kilomètres de Mâcon. Petite ville avantageusement située sur la rive droite de la Loire, à la jonction du canal du Centre; fabrique de faïence, construction de bateaux, entrepôt général de marchandises. Patrie des trois frères : le général Maynaud de Lavaud, le président et l'évêque Maynaud de Pancemont.

*La Motte St-Jean.* Bourg très-ancien; ruines d'un vieux château bâti, il y a environ 200 ans, par Jean de Coligny.

## CANTON DE GUEUGNON.

Le canton de Gueugnon est borné au nord par l'arrondissement d'Autun, à l'est par les cantons de Toulon et de Palinges, à l'ouest par celui de Bourbon-Lancy, et au sud par ceux de Digoin et de Paray-le-Monial.

Il est arrosé par la rivière de l'Arroux; riches mines de houille et de fer.

Population totale : 8,254 habitants; superficie : 24,373 hectares.

Ce canton renferme 9 communes, savoir :

| | habit. | | habit. |
|---|---|---|---|
| Gueugnon. | 2,418 | Neuvy. | 1,311 |
| Chapelle-au-Mans. | 524 | Rigny-s-Arroux. | 1,050 |
| Chassy. | 555 | Uxeau. | 1,014 |
| Clessy. | 468 | Vendenesse - sur - | |
| Curdin. | 392 | Arroux. | 1,548 |

*Gueugnon*, chef-lieu, à 27 kilomètres de Charolles et 84 de kilomètres de Mâcon, situé sur l'Arroux. Belle usine à fer consistant en 6 foyers d'affinage de la fonte au charbon de bois, une laminière pour la fabrication de la tôle, un atelier pour la fabrication des fers-blancs et un autre pour l'étamage. La création de cette importante usine, que régissent en ce moment MM. Campionnet et Cie, ne remonte pas au-delà de 1721, époque où Jean Hector de Fay, marquis de Latour-Maubourg, en fit faire les premiers travaux. Château-fort bien conservé au hameau du Breuil. L'histoire n'offre rien d'intéressant pour les autres communes.

## CANTON DE LA GUICHE.

Le canton de La Guiche est borné au nord par l'arrondissement de Chalon et le canton de Toulon, à l'est par l'arrondissement de Mâcon, et au sud par les cantons de St-Bonnet-de-Joux et de Palinges.

Il est arrosé par l'Arconce et la Guye. Sol riche en pâturages.

Population totale : 7,011 habitants; superficie : 18,199 hectares.

Ce canton renferme 12 communes, savoir :

|  | habit. |  | habit. |
|---|---|---|---|
| La Guiche. . . . | 930 | St-Marcelin. . . | 610 |
| Ballore. . . . . | 387 | Marizy. . . . . | 1,063 |
| Chevagny-s-Guye. | 837 | St-Mart.-de-Salencey. | 479 |
| Collonge-en-Char. | 546 | St-Mart.-la-Patrouille | 203 |
| Cray. . . . . | 310 | Poulloux. . . . | 1,053 |
| Joncy. . . . . | 1,260 | Le Rousset. . . | 784 |

*La Guiche*, chef-lieu, à 23 kilomètres de Charolles et 43 kilomètres de Mâcon. Cette commune a donné le nom à plusieurs seigneurs illustres, parmi lesquels le célèbre bailli de Mâcon, Philibert de La Guiche, qui empêcha dans le Mâconnais les massacres de la Saint-Barthélemy.

*Ballore.* Petit village qui a donné son nom à des seigneurs distingués du moyen-âge; ancien château agréablement situé, qui date de l'an 1300.

## CANTON DE MARCIGNY.

Le canton de Marcigny est borné au nord par le canton de Paray et le département de l'Allier, à l'est par le canton de Semur, et au sud par le département de la Loire.

Il est arrosé par la Loire et les rivières d'Arcel et des Perraux. Fabriques importantes de tissus et coton, blanchisserie de toiles.

Population totale : 12,002 habitants ; superficie : 22,431 hectares.

Ce canton renferme 12 communes, savoir :

| | habit. | | habit. |
|---|---|---|---|
| Marcigny. . . . | 2,755 | Chenay-le-Châtel.. | 1,210 |
| Anzy-le-Duc. . . | 1,013 | St-Martin-du-Lac. | 469 |
| Baugy. . . . . | 528 | Melay. . . . . | 1,998 |
| Bourg-le-Comte. . | 439 | Montceau-l'Étoile. | 530 |
| Céron. . . . . | 923 | Vindecy. . . . | 473 |
| Chambilly.. . . | 776 | Artaix.. . . . | 891 |

*Marcigny*, chef-lieu, à 28 kil. de Charolles et 76 kilomètres de Mâcon. Ville ancienne qui avait un prieuré de femmes, fondé par saint Hugues, sixième abbé de Cluny, en 1054.

Pont suspendu sur la Loire que les Anglais passèrent, en 1366, pour envahir la Bourgogne. Le maréchal Cottebrune y battit les troupes de Charles VII en 1420. Marcigny eut, au mois d'avril 1591, la visite du duc de Nemours, qui y entra à la tête de 2,000 hommes. Le château, qui pendant les guerres avait attiré tant de calamités sur la ville, fut démoli en 1603.

Patrie du consul André Du-Ryer, orientaliste, traducteur de l'Alcoran, et du lieutenant-général Fressinet.

Belle manufacture de linge de table.

*Melay*, sur la rive gauche de la Loire, remarquable par son ancien château de Maulevrier, dont la charpente passe pour être un chef-d'œuvre.

Ruines du château de Bagneaux.

*Montceaux-l'Étoile*, situé sur les bords de l'Arconce, célèbre par son château qui a appartenu au comte de Chamron-Vichy. Patrie du célèbre Claude de Saint-Georges, archevêque de Lyon, qui est né dans ce château. Belle magnanerie et filature de soie ; foires très-importantes.

*Artaix*, port sur la Loire et chantier pour la construction des bateaux.

## CANTON DE PALINGES.

Le canton de Palinges est borné au nord par les cantons de Toulon et de La Guiche, à l'ouest par le canton de Gueugnon, et au sud par les cantons de Saint-Bonnet-de-Joux et de Charolles.

Il est arrosé par les rivières de l'Oudrache et de la Bourbince.

Manufactures importantes pour la fabrication du fer-blanc, du grè fin et des bouteilles. Commerce important de bétail engraissé dans le pays.

Population totale : 7,709 habitants; superficie : 17,903 hectares.

Ce canton renferme 8 communes, savoir :

| | habit. | | habit. |
|---|---|---|---|
| Palinges. | 2,076 | St-Bonnet-d-Vlle Vig. | 891 |
| St-Aubin-en-Charol. | 839 | Martigny-le-Comte. | 1,698 |
| Bragny-en-Charol. | 580 | St-Vincent-l-Bragny. | 902 |
| Grandvaux. | 798 | Oudry. | 625 |

*Palinges*, chef-lieu, à 15 kilomètres de Charolles et 66 kilomètres de Mâcon. Château de Digoine très-remarquable par l'élégance de sa construction, propriété de M. le comte de Chabrillant.

Sol argilo-siliceux et calcaire, carrières considérables.

*Saint-Aubin-en-Charollais*. Ferme-école du gouvernement.

*Martigny-le-Comte*. Usine à fer très-importante au hameau du Verdrat, mines de fer.

Vieux château au hameau de Commune, dont les ruines sont encore assez remarquables.

## CANTON DE PARAY-LE-MONIAL.

Le canton de Paray-le-Monial est borné au nord par les cantons de Palinges, de Digoin et de Gueugnon, à l'est par celui de Charolles, et au sud par ceux de Semur, Marcigny et le département de l'Allier.

Il est arrosé par la Bourbince, l'Arconce et

l'Oudrache. Il est traversé par le canal du Centre.

Commerce principal : Vente de bestiaux, bois de chauffage et charbon.

Population totale : 8,758 habitants; superficie : 21,097 hectares.

Ce canton renferme 11 communes, savoir :

| | habit. | | habit. |
|---|---|---|---|
| Paray-le-Monial. . | 3,396 | Versaugues. . . . | 429 |
| Hautefond. . . . | 303 | Vigny. . . . . | 363 |
| L'Hôpital-le-Mercier. | 433 | Vitry-en-Charol. . | 615 |
| St-Léger-les-Paray. | 408 | Volesvres. . . . | 561 |
| Nochize. . . . . | 173 | St-Yan. . . . | 1,088 |
| Poisson. . . . | 1,003 | | |

*Paray-le-Monial*, chef-lieu, à 12 kilomètres de Charolles et 64 kilomètres de Mâcon. Église paroissiale très-ancienne, fondée en 1004, une des plus remarquables du département.

Célèbre par le traité de paix que signa Philippe-le-Bon, en 1423, au sujet de la suspension d'armes entre le Charollais et le Bourbonnais. Le dauphin Louis XI y fit un long séjour pour cause de santé. Paray doit son surnom à un riche prieuré de l'ordre de Saint-Benoît, fondé en 773, par Lambert, comte de Chalon, sur la colline d'Orval.

Pensionnat de jeunes filles très-important, dirigé par des sœurs du St-Sacrement d'Autun.

Couvent de la Visitation, fondé en 1626, célèbre par la retraite qu'y fit la vénérable sœur

Marguerite-Marie Alacoque; elle y mourut en odeur de sainteté en 1690.

Patrie de Guy de Paray, archevêque de Reims, cardinal légat; de Brice-Bauderon; de Jean Viridet et de Gilbert de Carmoy, médecins distingués; du P. François Vavasseur, savant polyglotte; de Pierre Moreau, écrivain; et du botaniste Boucher de Crèvecœur.

Commerce important de bestiaux, de grains et de bois.

*Saint-Yan.* Magnifique château au hameau de Selorre, appartenant à M. de St-Cyr.

Pensionnat primaire très-important, dirigé par des religieuses de Saint-Joseph, de Lyon.

## CANTON DE SEMUR-EN-BRIONNAIS.

Le canton de Semur-en-Brionnais est borné au nord par les cantons de Paray et de Charolles, à l'est par le canton de La Clayette, à l'ouest par celui de Marcigny, et au sud par le canton de Chauffailles et le département de la Loire.

Il est arrosé par les rivières de l'Arconce et de la Blaine. Sol très-fertile en grains, vins estimés.

Population totale : 13,125 habitants; superficie : 20,259 hectares.

Ce canton renferme 15 communes, savoir :

| | habit. | | habit. |
|---|---|---|---|
| Semur-en-Brionnais. | 1,638 | Iguerande. . . . | 1,852 |
| St-Bonnet-de-Cray. | 1,199 | Jonzy. . . . . | 250 |
| Briant. . . . | 855 | St-Julien-de-Cray. | 1,100 |
| St-Christophe-en- | | Ligny. . . . . | 1,993 |
| Brionnais. . . | 1,265 | Mailly. . . . . | 514 |
| St-Didier-en-Brion. | 401 | Oyé. . . . . | 983 |
| Fleury-la-Montagne. | 1,239 | Varennes-l'Arconce. | 424 |
| Ste-Foy. . . . | 100 | Sarry. . . . . | 333 |

*Semur-en-Brionnais*, chef-lieu, à 33 kilomètres de Charolles et 72 kilomètres de Mâcon. Petite ville agréablement située sur une hauteur. Belle église de construction gothique. Ancien château-fort dont il ne reste plus qu'une partie de mur de la tour carrée et des quatre tours rondes dont il était flanqué.

Pays incendié en 1467 et 1576.

Petit séminaire très-important.

Patrie de Précy et de saint Hugues, sixième abbé de Cluny.

*Saint-Christophe-en-Brionnais*, Eaux minérales ferrugineuses. Établissement de bains très-important.

*Ligny*. Ruines de l'ancien château-fort de l'Étoile. Indices de fer, marnes et tourbières. Ruines de l'ancien monastère des religieux bénédictins de Saint-Rigaud, qui fut construit par le moine Eustorge, au milieu des bois.

# CANTON DE TOULON-SUR-ARROUX.

Le canton de Toulon-sur-Arroux est borné au nord par l'arrondissement d'Autun, à l'est par celui de Chalon et le canton de La Guiche, et au sud par les cantons de Palinges et Gueugnon.

Il est arrosé par la Bourbince et l'Oudrache.

Riches mines de houille. Établissements métallurgiques. Fabriques de poterie très-importantes.

Population totale : 9,565 habitants; superficie : 22,475 hectares.

Ce canton renferme 8 communes, savoir :

| | habit. | | habit. |
|---|---|---|---|
| Toulon-s-Arroux. . | 1,890 | Marly-s-Arroux. . | 608 |
| Ciry. . . . . | 1,511 | Perrecy-les-Forges. | 1,809 |
| Dompierre-s-San- | | St-Romain-s-San- | |
| vignes. . . | 240 | vignes. . . | 270 |
| Genelard. . . . | 1,480 | Sanvignes. . . . | 1,751 |

*Toulon-sur-Arroux*, chef-lieu, à 32 kilomètres de Charolles et 83 kilomètres de Mâcon. Ancienne ville des Gaules désignée sous le nom de *Telunum*. Patrie du chancelier Nicolas-de-Toulon, évêque d'Autun en 1400; d'Antoine Garreau, auteur d'une description de la Bourgogne; et de Philibert Commerçon, médecin et naturaliste, à qui l'on doit l'introduction en France de l'hortensia.

*Ciry-le-Noble.* Fabrique de poterie fine et briques réfractaires. Port sur le canal du Centre. Mines de houille aux hameaux de la Valteuse et des Porrots, concédées en 1841 à la Compagnie de Blanzy.

*Genelard.* Petit bourg très-important par son activité industrielle et commerciale. Port sur le canal du Centre; magnifique château bâti en 1744, enrichi d'un beau cabinet d'histoire naturelle et d'antiquités. Carrières de pierre.

## ARRONDISSEMENT DE LOUHANS.

L'arrondissement de Louhans est borné par l'arrondissement de Chalon, les départements du Jura et de l'Ain. Les principaux cours d'eau qui l'arrosent sont les rivières de la Seille, le Solnan, la Vallière et la Salle.

Terrain sablonneux. Commerce important de blés, farines, engrais, charbons de bois, houille et bois de construction.

Population totale : 84,786 habitants; superficie : 123,019 hectares.

Cet arrondissement est divisé en 8 cantons et renferme 81 communes :

### CANTONS.

| | |
|---|---|
| Louhans. | St-Germain-du-Bois. |
| Beaurepaire. | Montpont. |
| Cuiseaux. | Montret. |
| Cuisery. | Pierre. |

## CANTON DE LOUHANS.

Le canton de Louhans est borné au nord par les cantons de Saint-Germain-du-Bois et de Montret, à l'est par celui de Beaurepaire, et au sud par ceux de Cuiseaux et de Montpont.

Il est arrosé par la Seille, la Salle et le Solnan.

Commerce de volailles très-important.

Population totale : 14,503 habitants ; superficie : 16,268 hectares.

Ce canton renferme 10 communes, savoir :

| | habit. | | habit. |
|---|---|---|---|
| Louhans. | 3.768 | Montagny-près-L. | 576 |
| Branges. | 1,815 | Ratte. | 666 |
| Bruailles. | 1,164 | Sornay. | 1,585 |
| La Chapelle-Naude. | 770 | Saint-Usuge. | 2,269 |
| Château-Renaud. | 1,435 | Vincelles. | 463 |

*Louhans*, chef-lieu d'arrondissement et de canton, à 57 kilomètres de Mâcon et 380 kilomètres de Paris.

Ville située au centre de trois petites rivières, la Seille, la Salle et le Solnan. Elle dépendait, au commencement, du comté d'Auxonne, où elle tenait le second rang en 1545 ; elle fut incendiée en 1370. Ancien manoir des sires de Vienne, qui fut ruiné pendant les guerres de religion. Église paroissiale dont la construction appartient au style ogival.

Patrie de P. Begat, ingénieur hydrographe de la marine; de J. Pardin, médecin de François I<sup>er</sup>, et de G. Gauchat, docteur en théologie.

Fabriques de cuirs, commerce de blés et surtout de volailles; chapons et poulardes de la Bresse, très-renommées.

Entrepôt général de marchandises.

*Branges* possédait autrefois une Léproserie de Saint-Thomas, dont les terres furent données à l'hôpital de Tournus en 1736.

Charmante petite chapelle dans l'église, construite à la Renaissance par Jean de Lugny, seigneur de Branges, 1583.

Commerce de blé et bétail.

*La Chapelle-Naude*. Ferme modèle, château de Promby sur la rive gauche du Solnan.

## CANTON DE BEAUREPAIRE.

Le canton de Beaurepaire est borné au nord par le canton de Saint-Germain-du-Bois, à l'est par le département du Jura, à l'ouest par le canton de Louhans, et au sud par celui de Cuiseaux.

Il est arrosé par la Vallière.

Population totale : 9,112 habitants; superficie : 12,535 hectares.

Ce canton renferme 7 communes, savoir :

| | habit. | | habit |
|---|---|---|---|
| Beaurepaire. | 887 | Sagy. | 2,380 |
| Le Fay. | 1,337 | Saillenard. | 1,467 |
| St-Martin-du-Mont. | 210 | Savigny-en-Rever- | |
| Montcony. | 679 | mont. | 2,183 |

*Beaurepaire*, chef-lieu, à 14 kilomètres de Louhans et 71 kilomètres de Mâcon. Beau château anciennement fortifié, reconstruit à la moderne. Commerce considérable de porcs gras.

*Montcony*. Ancien château flanqué de quatre tours, remarquable par sa forme gothique et l'épaisseur de ses murs.

*Savigny-en-Revermont*. Ruines de l'ancien château de la famille des Montbarey, démoli en 1793.

Commune réunie à la Bourgogne en 1289, à la suite d'un échange entre le duc Robert II et le comte de Savoie, Amédée IV.

## CANTON DE CUISEAUX.

Le canton de Cuiseaux est borné au nord par le canton de Beaurepaire, à l'ouest par le département de l'Ain, à l'est et au sud par le département du Jura.

Il est arrosé par le Solnan et la Sonnette.

Récolte de fruits renommés.

Population totale : 10,206 habitants; superficie : 15,754 hectares.

Ce canton renferme 9 communes, savoir :

|  | habit. |  | habit. |
| --- | --- | --- | --- |
| Cuiseaux. . . . . | 1,543 | Frontenaud. . . | 1,112 |
| Champagnat. . . | 798 | Joudes.. . . . . | 552 |
| Condal. . . . . | 892 | Le Miroir. . . . | 1,024 |
| Dommartin-les-C.. | 1,198 | Varennes-Saint-Sau- |  |
| Flacey-en-Bresse.. | 1,137 | veur. . . . . | 1,951 |

*Cuiseaux*, chef-lieu , à 20 kil. de Louhans et 60 kil. de Mâcon. Ville autrefois fortifiée et défendue par trente-six tours. Elle fut incendiée en 1518, 1540 et 1578. L'église paroissiale est vaste et d'une construction hardie. Les stalles qui en décorent le chœur datent du XIV° siècle, et sont remarquables par l'originalité des sculptures. Belle fontaine au hameau de La Balme, qui sort de dessous un roc entouré de charmilles. Patrie de Claude et Guillaume Paradin, écrivains du XVI° siècle Commerce de vins blancs estimés; excellentes poulardes de Bresse, qui rivalisent avec celles du Mans.

*Le Miroir*. Ancienne abbaye de l'ordre de Cîteaux, fondée en 1131, par Humbert de Coligny, aujourd'hui en ruines.

## CANTON DE CUISERY.

Le canton de Cuisery est borné au nord par le canton de Montret et l'arrondissement de Chalon, à l'est par le canton de Montpont, à l'ouest par une partie de l'arrondissement de Chalon, et au sud par le canton de Tournus dont il est séparé par la Saône.

Il est arrosé par la Seille et la Saône.

Commerce de bois de charpente, de cercles et d'échalas.

Population totale : 9,669 habitants; superficie : 10,789 hectares.

Ce canton renferme 10 communes, savoir :

| | habit. | | habit |
|---|---|---|---|
| Cuisery. | 1,600 | Jouvençon.. | 669 |
| Labergement-de-C. | 958 | Loizy. | 1,125 |
| Brienne. | 609 | Ormes. | 865 |
| La Genête. | 787 | Rancy. | 557 |
| Huilly. | 778 | Simandre. | 1,727 |

*Cuisery*, chef-lieu, à 20 kilomètres de Louhans et 34 kilomètres de Mâcon. Ancienne châtellenie royale, en 1451, qui comprenait trente-deux paroisses. Célèbre par le traité de paix qu'y conclurent, en 1358, Amédée IV, comte de Savoie, et Philippe du Rouvre, duc de Bourgogne. Ancien château-fort des sires de Bâgé, dont il ne reste plus qu'une tour en ruines des quatre dont il était flanqué. Belle église surmontée d'une tour.

*La Genête.* Ancienne baronnie qui a donné son nom à des seigneurs du moyen-âge, entre autres le chevalier Barthélemy de la Genête, qui fut un des bienfaiteurs de l'abbaye de La Ferté, 1203.

*Loisy.* Magnifique château avec parc réédifié en 1748 sur l'ancien château de Loisy, construit en 1150 par Hugues de Brancion.

## CANTON DE SAINT-GERMAIN-DU-BOIS.

Le canton de Saint-Germain-du-Bois est borné au nord par le canton de Pierre, à l'est par le département du Jura, au sud par les cantons de Beaurepaire et Louhans, et au sud-ouest par le canton de Montret.

Il est arrosé par la Seille et la Brêne.

Commerce important de volailles et de bétail.

Population totale : 12,764 habitants ; superficie : 21,600 hectares.

Ce canton renferme 13 communes, savoir :

| | habit. | | habit. |
|---|---|---|---|
| St-Germain-du-Bois. | 2,515 | Le Planois. . . . | 266 |
| Bosjean. . . . . | 981 | Sens. . . . . . | 788 |
| Bouhans.. . . . | 487 | Serley. . . . . | 1,111 |
| Devrouze. . . . | 789 | Serrigny-en-Bresse. | 103 |
| Diconne. . . . | 720 | Le Tartre. . . . | 222 |
| Frangy. . . . . | 1,697 | Thurey. . . . . | 949 |
| Mervans. . . . | 1,832 | | |

*Saint-Germain-du-Bois*, chef-lieu, à 16 kilomètres de Louhans et 73 kilomètres de Mâcon. Petit village assez agréablement situé. Belle église construite en 1837 et dont l'érection est due à M. le curé Millot.

Commerce de grains et de bois.

*Bouhans.* Foire très-importante au hameau de la Balme, dans un vaste enclos ombragé de maronniers, et où affluent un grand nombre d'étrangers.

*Devrouze.* Château moderne au hameau de Ronfand; carrières de graviers.

*Sens.* Magnifique château avec chapelle au hameau de Visargent.

*Thurey.* Commune qui a donné son nom à plusieurs personnages illustres, tels que Girard de Thurey, maréchal de Bourgogne en 1358; et Guillaume de Thurey, évêque d'Autun en 1351, et archevêque de Lyon en 1358. Deux châteaux.

## CANTON DE MONTPONT.

Le canton de Montpont est borné au nord par le canton de Louhans, à l'est par le canton de Cuiseaux, à l'ouest par celui de Cuisery, et au sud par le département de l'Ain et l'arrondissement de Mâcon.

Il est arrosé par les rivières de la Sâne-la-Vive, de la Seille et du Solnan.

Commerce important de porcs engraissés dans le pays.

Population totale : 7,002 habitants; superficie : 10,056 hectares.

Ce canton renferme 5 communes, savoir :

| | habit. | | habit. |
|---|---|---|---|
| Montpont. . . . | 2,508 | Ste-Croix. . . . | 1,322 |
| Bantanges. . . . | 857 | Menetreuil.. . . | 947 |
| Chapelle-Thècle. . | 1,368 | | |

*Montpont*, chef-lieu, à 10 kilomètres de Louhans et 14 kilomètres de Mâcon. Ancienne baronnie qui possédait autrefois quatre châteaux. L'on voit encore, parmi les ruines de celui du hameau de Durclal, un puits remarquable.

Engrais de porcs gras et de bétail.

*Sainte-Croix.* Joli château de La Motte, de construction récente.


## CANTON DE MONTRET.

Le canton de Montret est borné au nord par le canton de Saint-Germain-du-Bois, à l'est par celui de Louhans, à l'ouest par l'arrondissement de Chalon, et au sud par les cantons de Montpont et de Cuisery.

Il est arrosé par la Seille et la Serrée.

Principale culture : Du froment, du maïs et du sarrazin.

Population totale : 6,918 habitants; superficie : 12,249 hectares.

Ce canton renferme 9 communes, savoir :

| | habit. | | habit. |
|---|---|---|---|
| Montret. . . . | 938 | Savigny-s-Seille. . | 853 |
| Saint-André. . | 191 | Simard. . . . . | 1,405 |
| St-Étienne-en-Br^ie. | 1,164 | Vérissey. . . | 216 |
| La Frette. . . | 514 | St-Vincent-en-Bres. | 875 |
| Juif. . . . . | 642 | | |

*Montret,* chef-lieu, à 11 kilomètres de Louhans et 68 kilomètres de Mâcon. Motte tumulaire au hameau de Bordiaux, d'une hauteur de 4 mètres sur 12 de diamètre.

Commerce important de volailles et bêtes à cornes; le froment ainsi que le maïs y sont très-bien cultivés.

*Saint-Étienne-en-Bresse.* Fabrique de brique à la houille. Vestiges du château Gaillard détruit depuis près de deux siècles. Ruines de la citadelle de Corberan, entourée d'un fossé et d'une demi-lune.

*Saint-Vincent-en-Bresse.* Ruines d'un ancien château qui a appartenu aux comtes de Saint-Vincent. Grande exploitation de bois, carrières de sable, minerai de fer en grain.

## CANTON DE PIERRE.

Le canton de Pierre est borné par le département du Jura au nord et à l'est, par le canton de Saint-Germain-du-Bois au sud, par l'arrondissement de Chalon à l'ouest et au nord-est.

Il est arrosé par la Brêne, la Guyotte et le Doubs.

Population totale : 14,612 habitants; superficie : 23,768 hectares.

Ce canton renferme 18 communes, savoir :

| | habit. | | habit. |
|---|---|---|---|
| Pierre. . . . . | 1,900 | Frettcrans. . . . | 555 |
| Authumes. . . . | 593 | Frontenard. . . | 595 |
| Beauvernois. . . | 377 | Lays-sur-le-Doubs. | 564 |
| Bellevesvres. . . | 620 | Montjay. . . . | 713 |
| St-Bonnet-en-Bres. | 1,172 | Mouthier-en-Bresse. | 1,602 |
| La Chapelle-St-Sauv. | 1,700 | La Racineuse. . . | 342 |
| Charette.. . . . | 756 | Terrans. . . . . | 457 |
| La Chaux. . . . | 598 | Torpes. . . . . | 1,287 |
| Dampierre-en-Bres. | 618 | Varennes-s-l-Doubs. | 163 |

*Pierre*, chef-lieu, à 29 kilomètres de Louhans et 90 kilomètres de Mâcon. Village ancien qui était très-considérable au moyen-âge; il avait un prieuré de bénédictins et une léproserie. Ancienne forteresse sur l'emplacement de laquelle a été construit, en 1672, un château qui passe pour une des plus belles habitations de France, résidence du général de Thiard, ancien membre de la chambre des représentants.

Patrie de Jacques de Thiard, marquis de Bissy et baron de Pierre; du cardinal Henry de Thiard, et du lieutenant-général Claude de Thiard, membre de l'Académie française.

Commerce de grains, volailles.

*Saint-Bonnet-en-Bresse.* Ruines d'un ancien manoir féodal sur une éminence.

*Dampierre-en-Bresse.* Magnifique château appartenant à M. le marquis de Saint-Seine.

*Frontenard.* Ancienne châtellenie royale incendiée en 1636 par un nommé Lambry, chef des partisans Francs-Comtois. Presque tous les habitants furent massacrés.

*Lays-s.-le-Doubs,* autrefois très-important, et qui a donné son nom à des seigneurs distingués, tels que Hugues de Laye, maréchal de Bourgogne; Olivier de Laye, gouverneur du duché en 1351. Ancien château brûlé par les Dolois en 1594.

*Terrans.* Beau château appartenant à M. de Loisy; fabrique de tuyaux de drainage.

## ARRONDISSEMENT DE MACON.

L'arrondissement de Mâcon est borné au nord par l'arrondissement de Chalon et celui de Louhans, à l'est par le département de l'Ain, à l'ouest par l'arrondissement de Charolles, et au sud par le département du Rhône.

Les principaux cours d'eau qui l'arrosent sont la Saône qui le sépare du département de l'Ain, la Grosne et la Guye. Il est traversé par une chaîne de montagnes qui est un prolongement des Cévennes; le chemin de fer de Paris à Lyon le parcourt tout le long du littoral de la Saône.

Commerce important de vins de Bourgogne, grains, farines, cercles, merrains et bestiaux. Entrepôt général de marchandises. Forêts magnifiques, mines de manganèse, nombreuses carrières de pierre à bâtir.

Population totale : 120,501 habitants ; superficie : 119,839 hectares.

Cet arrondissement est divisé en 9 cantons et comprend 132 communes.

## CANTONS :

Mâcon (nord).
Mâcon (sud).
La Chapelle-de-Guinchay.
Cluny.
St-Gengoux-le-Royal.

Lugny.
Matour.
Tournus.
Tramayes.

L'organisation administrative de Mâcon est divisée en deux cantons : Mâcon (nord) et Mâcon (sud).

## CANTON DE MACON NORD.

Le canton de Mâcon (nord) est borné au nord par les cantons de Lugny et de Cluny, à l'est par le département de l'Ain, à l'ouest par le canton de Tramayes, et au sud par le canton de Mâcon (sud).

Il est baigné par la Saône qui le sépare du département de l'Ain. Contrée très-fertile et production de vins renommés.

Population totale : 18,225 habitants ; superficie : 11,102 hectares.

Ce canton renferme 15 communes, savoir :

| | habit. | | habit. |
|---|---|---|---|
| Mâcon. . . . . | 18,006 | St-Martin-d-Senozan. | |
| Berzé-la-Ville. . | 696 | Milly. . . . . . | 704 |
| Charbonnières. . | 293 | Sancé. . . . . . | 478 |
| Chevagny-les-Chev. | 304 | Senozan. . . . . | 536 |
| Placé. . . . . | 759 | Sologny. . . . . | 814 |
| Hurigny. . . . | 940 | St-Sorlin. . . . | 1,183 |
| St-Jean-le-Priche. | 183 | Verzé. . . . . . | 1,086 |
| Laizé. . . . . | 766 | | |

*Mâcon*, chef-lieu du département et de deux cantons, à 399 kilomètres de Paris, agréablement situé dans une contrée fertile, sur la rive droite de la Saône, à l'extrémité septentrionale du département. Ville ancienne de la Gaule celtique, et qui faisait partie de la république des Éduens. Elle fut pillée et réduite en cendres par les Huns en 451, saccagée en 720 par les Sarrasins, réduite à la plus affreuse famine en 1030, dévastée par le farouche Guillaume, comte de Chalon, 1140; surprise en 1567 par les Calvinistes, qui en furent chassés la même année par le duc de Nevers. Les Protestants y firent des dégâts affreux, pillèrent et brûlèrent les églises de Saint-Pierre, des Jacobins et de Saint-Étienne ; détruisirent les archives de Saint-

Vincent et de Saint-Pierre, massacrèrent les prêtres et les Catholiques, et précipitèrent, du haut du clocher des Jacobins, le prieur et un frère de cet ordre. Mâcon fut préservé du massacre de la Saint-Barthélemy, grâce à la présence de son gouverneur Philibert de la Guiche. Il s'y tint cinq conciles dans les années 581, 585, 623, 1153, 1286.

Parmi les édifices remarquables, nous citerons :

Le couvent de la Visitation bâti en 1605 par les Pères capucins.

L'Hôtel de la Préfecture, anciennement le palais épiscopal.

L'hospice de la Charité fondé en 1680.

Le Palais de Justice, ancien hôtel du marquis de Chevrier d'Igé, construit en 1716, sur les ruines de l'ancien couvent des Jacobins, par l'abbé de Chevrier de Saint-Mauris.

L'Hôtel-de-Ville, ancienne demeure et propriété de M. Labaume, comte de Montrevel, bâti en 1761.

Deux gares très-importantes pour les lignes du chemin de fer de Paris à Lyon et celle de Mâcon à Genève.

Mâcon est la patrie de plusieurs hommes distingués, parmi lesquels nous citerons :

Roberjot, membre du conseil des Cinq-Cents.

Mgr Blampoix, évêque de Troyes.

Alph. de Lamartine, l'un des poètes les plus célèbres de notre époque.

Mathieu, savant astronome.

Le comte de Rambuteau, préfet de la Seine.

Antoine Bauderon de Senecé, poète.

Boitard, littérateur, entomologiste.

Joseph Dombey, savant botaniste.

Lazare Meyssonnier, conseiller et médecin du roi.

Mlle Clémence Robert, poète et prosateur.

**Industrie.** Fabrique de couvertures, d'horlogerie, de faïence, et de machines propres aux arts et à l'agriculture. Belle fonderie de cuivre. Commerce très-important, et entrepôts de vins de Bourgogne, grains, cerceaux, merrains et bestiaux.

*Saint-Jean-le-Priche*, bâti sur le sommet d'un coteau. Joli château moderne avec parc. A peu de distance est située sur la Saône l'île de la Palme, célèbre par les conférences que les fils de Louis-le-Débonnaire y tinrent en 842 pour le partage de l'empire.

*Milly*, célèbre par la résidence de M. de Lamartine, une des plus grandes gloires poétiques de notre siècle.

Plâtre renommé pour sa blancheur. Vins estimés.

## CANTON DE MACON SUD.

Le canton de Mâcon (sud) est borné au nord par le canton de Mâcon (nord), à l'est par le département de l'Ain, à l'ouest par le canton de Tramayes, et au sud par celui de la Chapelle-le-Guinchay.

Il est baigné par la Saône qui le sépare du département de l'Ain.

Récolte de vins très-renommés.

Population totale : 15,049 habitants ; superficie : 6,636 hectares.

Ce canton renferme 10 communes, savoir :

|  | habit. |  | habit. |
|---|---|---|---|
| Bussière. | 469 | Prissé. | 1,392 |
| Charnay. | 1,533 | Solutré. | 532 |
| Davayé. | 538 | Varennes. | 280 |
| Fuissé. | 509 | Vergisson. | 443 |
| Loché. | 283 | Vinzelles. | 504 |

*Charnay*, à 4 kilomètres de Mâcon, une des communes du département qui possède le plus de châteaux. Parmi les plus remarquables, nous citerons ceux des hameaux de Verneuil, de la Massonne, de Condemène et de Saint-Léger. Ce dernier a soutenu plusieurs sièges pendant les guerres de religion.

*Davayé.* Vins rouges très-estimés. Ancien château au hameau de Chevigny, célèbre par la résidence qu'y fit Abélard.

*Fuissé.* Vins blancs très-renommés.

*Prissé.* Ancienne châtellenie. Château au hameau de Montceau, résidence la plus habituelle de M. de Lamartine. Vins rouges estimés.

*Solutré.* Ruines d'une ancienne forteresse au sommet de la roche et dont les fondations sont attribuées à Raoul, duc de Bourgogne et roi de France.

Vins blancs très-renommés, surtout ceux du hameau de Pouilly.

# CANTON DE LA CHAPELLE-DE-GUINCHAY.

Le canton de la Chapelle-de-Guinchay est borné au nord par le canton de Mâcon (sud), à l'est par le département de l'Ain, au sud et à l'ouest par le département du Rhône.

Il est arrosé par la Saône qui le sépare du département de l'Ain, et les rivières d'Arlois et de la Mauvaise.

Il est traversé du midi au nord par une chaîne de montagnes qui sont une branche des Cévennes.

Territoire renommé par ses vins.

Population totale : 10,536 habitants ; superficie : 6,242 hectares.

Ce canton renferme 12 communes, savoir :

| | habit. | | habit. |
|---|---|---|---|
| La Chapelle-de-Guin- | | Leynes . . . . . | 656 |
| chay.. . . . . | 2,054 | Pruzilly.. . . . | 420 |
| St-Amour. . . . | 740 | St-Romain. . . . | 428 |
| Chaintré. . . . | 501 | Romanèche. . . . | 2,678 |
| Chânes. . . . | 403 | St-Symphorien-d'A. | 843 |
| Chasselas. . . | 308 | St-Vérand. . . . | 250 |
| Crêches. . . . . | 1,246 | | |

*La Chapelle-de-Guinchay*, chef-lieu, à 13 kilomètres de Mâcon. Récolte de vins très-estimés, surtout ceux des hameaux de Boccards, de Jean-Loron et de Darroux.

Gare du chemin de fer au hameau de Pontanevoux.

*Chaintré*. Beau château dont on a détruit les fortifications. Vins blancs estimés.

*Crêches*, célèbre par la défaite de Bozon, roi de Provence, qui, voulant s'emparer de Mâcon, fut battu par les princes Louis et Carloman.

*Romanèche*. Vins fins renommés des Thorins, et particulièrement ceux du crû de Moulin-à-Vent, qui passent pour les plus délicats de toute la contrée. Mine de manganèse très-riche et très-puissante. Gare très-importante sur le chemin de fer de Paris à Lyon.

## CANTON DE CLUNY.

Le canton de Cluny est borné au nord par le canton de Saint-Gengoux, à l'est par celui de

Lugny, à l'ouest par l'arrondissement de Charolles, et au sud par les cantons de Tramayes et de Matour.

Il est arrosé par la Grosne et le Grison.

Population totale : 17,473 habitants ; superficie : 25,181 hectares.

Ce canton comprend 24 communes, savoir :

| | habit. | | habit. |
|---|---|---|---|
| Cluny. | 4,278 | Donzy-le-Pertuis. | 816 |
| St-André. | 1,062 | Donzy-le-Royal. | 834 |
| Bergesserin. | 570 | Flagy. | 507 |
| Berzé-la-Ville. | 696 | Jalogny. | 533 |
| Blanot. | 572 | Lournand. | 677 |
| Bray. | 303 | Massilly. | 435 |
| Bussières. | 469 | Massy. | 172 |
| Ste-Cécile. | 461 | Mazille. | 575 |
| Château. | 628 | Salornay-s-Guye. | 967 |
| Chérizet. | 154 | St-Vincent-des-Prés. | 378 |
| Cortambert. | 508 | La Vineuse. | 736 |
| Curtil-s-Buffières. | 323 | Vitry. | 238 |

*Cluny*, chef-lieu, à 23 kilomètres de Mâcon. Petite ville située dans une vallée étroite, entre deux montagnes en grande partie couvertes de bois. L'existence de Cluny remonte à une époque très-reculée. Au IX⁰ siècle, les rois de France y avaient une maison de plaisance. Sous Charlemagne, ce n'était encore qu'un simple village. Cluny fut cédé, en 825, à Guérin, comte de Mâcon, et passa ensuite à son frère Guillaume Ier, duc d'Aquitaine, qui le premier y fonda un monastère de bénédictins. Le premier abbé de ce couvent fut Bernon, abbé de Gigny, qui y plaça douze moines. Sous l'abbé Odon, l'abbaye s'accrut considérablement et étendit sa puissance sur plus de 600 maisons religieuses. C'est surtout au XI<sup>e</sup> siècle qu'elle 's'éleva à l'apogée de sa puissance et de sa gloire, donnant des papes au Saint-Siège, et comptant plus de 3,000 moines dans son cloître. Saint Hugues, qui dirigea le monastère au XI<sup>e</sup> siècle, pendant plus de soixante années, y construisit une magnifique église, qui passait pour une des plus grandes qu'il y eut en France.; elle fut entièrement détruite après la révolution. Cluny, sous l'abbé Théobald, en 1180, fut clos de murailles et fortifié. En 1245 eut lieu à Cluny la célèbre conférence tenue entre Louis IX et le pape Innocent IV. Philippe-le-Bel et le pape Boniface VIII honorèrent également l'abbaye de leur visite en 1307. Pierre-le-Vénérable y reçut Abélard en 1137. Les guerres civiles des XIV<sup>e</sup>, XV<sup>e</sup> et XVI<sup>e</sup> siècles diminuèrent peu à peu l'importance de l'abbaye. En 1552, les Huguenots s'en emparèrent et la dévastèrent de fond en comble. La révolution de 1793 mit le sceau à sa destruction. Cluny a vu naître plusieurs hommes célèbres dont les principaux sont : Jean Germain, évêque de Nevers et de Chalon; Benoît Dumoulin, botaniste et médecin ; Jacques Charles, mathématicien ; Pierre-Paul Prudhon, peintre.

Commerce important de bétail, de chevaux,

fourrages, grains; carrières de pierre à chaux et à bâtir, fabrique de faïence.

*Blanot*, remarquable par ses grottes composées de plusieurs galeries et de plusieurs salles établies les unes au-dessus des autres, et presque toutes ornées de stalactites de formes très-bizarres.

*Igé*. Ruines d'anciens châteaux aux hameaux de la Bruyère, de la Boutière et de Château-Gaillard. Beau château ayant appartenu à M. le comte de Moranziès. Carrières de pierre à bâtir. Vins rouges estimés.

*Lournand.* Ancien château de Lourdon bâti par les moines de Cluny vers le XIe siècle, et démoli en 1632 par ordre du roi.

*Massy.* Ruines d'un ancien château-fort à la Tour-du-Blé, flanqué de quatre tours dont il ne reste plus que la fondation et un bâtiment carré. Carrières de moellon et de pierre de taille.

*Mazille.* Magnifique château au hameau de Charly. L'abbaye de Cluny y avait un prieuré dont on voit encore les ruines sur l'éminence.

*La Vineuse.* Remarquable par sa position au sommet d'une montagne entre deux gorges, et d'où l'on jouit d'une très-belle vue. Église ancienne. Vestiges d'un ancien camp.

## CANTON DE SAINT-GENGOUX-LE-ROYAL.

Le canton de Saint-Gengoux est borné au nord par l'arrondissement de Chalon, à l'est par le canton de Tournus, à l'ouest par l'arrondissement de Charolles, et au sud par les cantons de Cluny et de Lugny.

Il est arrosé par la Grosne et la Guye. Son territoire est traversé par les montagnes de Montrachet et de Montpéjus.

Population : 11,417 habitants; superficie : 15,511 hectares.

Ce canton renferme 19 communes, savoir :

| | habit. | | habit. |
|---|---|---|---|
| St-Gengoux-le-R. | 1,768 | Cortevaix. | 909 |
| Ameugny. | 356 | Curtil-s-Burnand. | 524 |
| Bissy-s-Uxelles. | 311 | St-Huruge. | 251 |
| Bonnay. | 554 | Malay. | 745 |
| Burnand. | 343 | Passy. | 245 |
| Burzy. | 226 | Sailly. | 387 |
| Chapaize. | 725 | Savigny-s-Grosne. | 549 |
| Chissey. | 911 | Sigy-le-Chatel. | 463 |
| Cormatin. | 955 | Taizé. | 168 |
| St-Ythaire. | 976 | | |

*Saint-Gengoux-le-Royal*, chef-lieu, à 46 kilomètres de Mâcon. Petite ville située au pied d'un coteau renommé par ses vins. Saint-Gengoux doit sa fondation à l'abbaye de Cluny, qui le posséda jusqu'en 1166. Ruines d'un ancien château-fort ayant appartenu au duc de Bourgogne, et dont il ne reste qu'une tour servant actuellement de presbytère. Les Protestants saccagèrent la ville en 1562 et poussèrent la cruauté jusqu'à brûler six prêtres avec leurs missels devant le portail de l'église. Au commencement de la révolution, la ville de Saint-Gengoux prit le nom de Jouvence qu'elle a conservé jusqu'à la Restauration.

*Burnand.* Prieuré de religieux de l'ordre de Saint-Augustin, établi en 1640, dans les murs de l'ancien château-fort, qui possède encore les cinq tours dont il était flanqué. Commerce de fruits.

*Cormatin.* Beau château bâti vers le milieu du XVII° siècle par messire de Beringhen, résidence très-agréable, qui a dû sa conservation en 1789 à un détachement de la milice bourgeoise de Tournus, qui, à la poursuite d'une bande d'incendiaires, l'atteignit dans la cour du château et la dispersa complètement.

*Curtil-s-Burnand.* Au hameau de la Serrée, beau château ayant appartenu au seigneur de Dré de Gorze, entouré de fortes murailles et flanqué de huit tours dont cinq subsistent encore avec les meurtrières.

*Savigny-s-Grosne.* Ruines d'un ancien château ayant appartenu à M™ de La Rochefoucault, duchesse de Crussol.

## CANTON DE LUGNY.

Le canton de Lugny est borné au nord par les cantons de Tournus et de Saint-Gengoux, à l'est par le département de l'Ain, à l'ouest par le canton de Cluny, et au sud par celui de Mâcon (nord).

Il est arrosé par la Bourbonne et la Mouge; pays généralement accidenté. La vigne est une des principales branches de la culture; vins blancs très-renommés.

Population totale : 11,877 habitants; superficie : 14,452 hectares.

Ce canton renferme 17 communes, savoir :

| | habit. | | habit. |
|---|---|---|---|
| Lugny. | 1,302 | Grevilly. | 165 |
| St-Albain. | 690 | St-Maurice-des-Prés. | 517 |
| Azé. | 1,292 | Montbellet. | 1,370 |
| Bissy-la-Mâcone. | 318 | Péronne. | 768 |
| Burgy. | 256 | La Salle. | 522 |
| Chardonnay. | 484 | Satonnay. | 128 |
| Clessé. | 1,012 | Verizet. | 771 |
| Cruzille. | 651 | Viré. | 914 |
| St-Gengoux de Scissé. | 875 | | |

*Lugny*, chef-lieu, à 23 kilomètres de Mâcon. Petit bourg autrefois très-considérable et défendu par un vaste et beau château que les partis se disputèrent souvent lors des guerres civiles, et que les paysans brûlèrent en 1789.

Carrières de pierre à bâtir.

*Chardonnay.* Renommé par ses vins blancs.

*Cruzille.* Village ancien qui a donné son nom à une maison puissante dont les seigneurs ont rempli un grand rôle durant les troubles de la Ligue. On voit sur la montagne, au milieu de la belle forêt des Buis, les ruines du manoir primitif des sires de Cruzille; les quatre tours dont le château était flanqué, conservent encore les cicatrices des sièges qu'elles eurent à endurer vers le XVIᵉ siècle.

*Péronne,* situé au sommet d'une colline très-fertile. Ancien château bâti par le roi Gontran, et sur l'emplacement duquel les moines de Cluny firent élever, il y a environ cent cinquante ans, le château actuel.

Commerce de vins.

## CANTON DE MATOUR.

Le canton de Matour est borné au nord par le canton de Cluny, à l'est par celui de Tramayes, à l'ouest par l'arrondissement de Charolles, et au sud par le département du Rhône.

Il est arrosé par la Grosne.

Population totale : 9,098 habitants ; superficie : 13,02½ hectares.

5

Ce canton renferme 9 communes, savoir :

| | habit. | | habit. |
|---|---|---|---|
| Matour. | 2,336 | Meulin. | 385 |
| Brandon. | 825 | Montagny. | 374 |
| La Chapelle-du-M.- | | Montmelard. | 1,203 |
| de-France. | 644 | Trambly. | 1,060 |
| Dompierre-l-Ormes. | 1,501 | Trivy. | 770 |

*Matour*, chef-lieu, à 37 kilomètres de Mâcon. Ancienne seigneurie qui fut érigée en comté en 1680. Château très-ancien ayant appartenu à Diane de Thiard, nièce de l'évêque de Chalon.

Commerce important de bétail.

*Dompierre-les-Ormes.* Ruines de trois anciens châteaux aux hameaux de Frougues, de la Motte et de La Fay. Les seigneurs de Dompierre y avaient fondé un hôpital.

## CANTON DE TOURNUS.

Le canton de Tournus est borné au nord par l'arrondissement de Chalon, à l'est par celui de Louhans, à l'ouest par le canton de Saint-Gengoux, et au sud par celui de Lugny.

Il est arrosé par la Saône et le Grison.

Commerce considérable de pierres, vins estimés.

Population totale : 17,288 habitants ; superficie : 17,115 hectares.

Ce canton renferme 14 communes, savoir :

|  | habit. |  | habit. |
|---|---|---|---|
| Tournus. | 5,598 | Préty. | 808 |
| Brancion. | 518 | Ratenelle. | 679 |
| La Chapelle-s-Bran- |  | Romenay. | 3,493 |
| cion. | 575 | Royer. | 380 |
| Farges. | 419 | La Truchère. | 487 |
| Lacrost. | 658 | Uchizy. | 1,482 |
| Ozenay. | 685 | Le Villars. | 511 |
| Plottes. | 765 |  |  |

*Tournus*, chef-lieu, à 30 kilomètres de Mâcon. Ville agréablement située sur la rive droite de la Saône que l'on traverse sur un pont de cinq arches en bois. Tournus, du temps des Romains, n'était qu'un simple petit village. Saint Valérien fut le premier qui y prêcha le christianisme, l'an 170 de Jésus-Christ; il y fut martyrisé en 177 par ordre du préfet de Lyon, et son corps fut conservé dans une chapelle souterraine qui devint, au VI° siècle, l'abbaye de Saint-Valérien, et plus tard, en 875, l'abbaye de St-Philibert. Les Sarrasins ruinèrent Tournus en 732, et les Hongrois en 937.

Les premiers moulins qui ont été vus sur la Saône furent construits en 1231 par l'abbé Bérard. Il se tint deux conciles à Tournus en 949 et 1115. Outre sa riche abbaye, qui vit à sa tête le cardinal de La Rochefoucault, qui la sécularisa en 1627, et le cardinal de Fleury, ministre sous Louis XV, Tournus avait un couvent de Récollets, fondé en 1613, et une maison de

Bénédictines, qui habitaient anciennement le prieuré du Villars. L'hospice des malades fut fondé vers le IXe siècle par l'abbé Geilon.

L'empereur Napoléon Ier fut reçu à Tournus en 1815, à son retour de l'île d'Elbe.

Tournus est la patrie du célèbre peintre Greuze; du P. Tamisier, poète et littérateur du XVIe siècle; du P. Morestel, docteur en théologie; de J. Maignon, poète tragique, ami de Molière ; et du P. Ives Vaffier, médecin.

Fabriques de sucre de betteraves, filature de soie à la vapeur, gare très-importante du chemin de fer de Paris à Lyon.

Entrepôt général de marchandises.

*Brancion.* Commune autrefois très-importante et fortifiée. La terre de Brancion était une châtellenie royale appartenant aux comtes de Montrevel.

Ruines d'un château-fort reconstruit par le duc Philippe-le-Bon, sur l'emplacement d'un antique manoir du XIe siècle.

*La Chapelle-sous-Brancion.* Beau château au hameau de Noble, réparé depuis peu et ayant appartenu au comte de Montrevel.

*Farges.* Vastes carrières de pierre calcaire blanche. Source d'eau minérale contenant de l'acide carbonique, de la chaux et de la magnésie.

## CANTON DE TRAMAYES.

Le canton de Tramayes est borné au nord par le canton de Cluny, à l'est par les cantons de Mâcon, à l'ouest par le canton de Matour, et au sud par le département du Rhône.

Il est arrosé par la Grosne et le Valouzan.

Sol calcaire et assez productif en céréales. Le commerce du bétail est à peu près la plus grande industrie du pays.

Population totale : 8,638 habitants ; superficie : 10,576 hectares.

Ce canton renferme 9 communes, savoir :

| | habit. | | habit. |
|---|---|---|---|
| Tramayes. | 2,191 | Pierreclos. | 1,251 |
| Bourgvilain. | 708 | St-Pierre-le-Vieux. | 1,141 |
| Clermain. | 446 | St-Point. | 1,084 |
| Germolles. | 422 | Serrières. | 721 |
| St-Léger-s-la-Bus. | 686 | | |

*Tramayes*, chef-lieu, à 25 kilomètres de Mâcon. Beau château ayant appartenu, vers le XVIe siècle, à la famille de Damas.

Commerce important de pierre à bâtir, de bétail et de grains.

*Germolles.* Château très-remarquable au hameau de Gorze, avec trois grands pavillons. Cet édifice, quoique bâti en pierres, est revêtu extérieurement de panneaux en bois de chêne d'une épaisseur considérable. Sa construction date de 1672.

*Pierreclos.* Récolte de vins blancs très-estimés, surtout ceux des climats de la Roche, de Chavignes et de Collonges ; carrières de pierre à bâtir. Ancien château-fort pris et pillé en 1562 par les Calvinistes, qui ravagèrent le Mâconnais. Quoique dépourvu d'une partie de ses anciennes fortifications, ses tours et ses murs en terrasses que l'on voit, lui donnent encore un aspect assez féodal. C'était, en 1589, un rendez-vous de guerriers.

*Saint-Point.* Petit bourg situé dans une vallée étroite, à 19 kilomètres de Mâcon. Château féodal dont il est souvent fait mention dans les guerres de religion. C'est aujourd'hui la propriété et la résidence de prédilection de M. Alph. de Lamartine, qui y a établi une école gratuite, et auquel le village de Saint-Point est aussi redevable d'un hôpital.

Chalon-s-S., imp. J. Dejussieu.

# TABLE DES MATIÈRES.

—

## GÉOGRAPHIE GÉNÉRALE.

### PREMIÈRE PARTIE.

## GÉOGRAPHIE DE LA FRANCE.

# GÉOGRAPHIE DE SAONE-ET-LOIRE.

## DEUXIÈME PARTIE.

## ARRONDISSEMENT D'AUTUN.

## ARRONDISSEMENT DE CHALON.

## ARRONDISSEMENT DE CHAROLLES.

FIN.